Shakti Gawain

Momento
De Despertar

UM GUIA DIÁRIO PARA UMA VIDA CONSCIENTE

Tradução
Denise de C. Rocha Delela

CB028870

**Editora
Pensamento**
SÃO PAULO

Título original: *Awakening.*

Copyright © 1991, 2006 Shakti Gawain.

Publicado originalmente em inglês por New World Library.

Todos os direitos reservados. Nenhuma parte deste livro pode ser reproduzida ou usada de qualquer forma ou por qualquer meio, eletrônico ou mecânico, inclusive fotocópias, gravações ou sistema de armazenamento em banco de dados, sem permissão por escrito, exceto nos casos de trechos curtos citados em resenhas críticas ou artigos de revistas.

A Editora Pensamento-Cultrix Ltda. não se responsabiliza por eventuais mudanças ocorridas nos endereços convencionais ou eletrônicos citados neste livro.

Dados Internacionais de Catalogação na Publicação (CIP)
(Câmara Brasileira do Livro, SP, Brasil)

Gawain, Shakti, 1948-.
    Momento de despertar : um guia diário para uma vida consciente / Shakti Gawain ; tradução Denise de C. Rocha Delela. — São Paulo : Pensamento, 2009.

    Título original: Awakening : a daily guide to conscious living.
    ISBN 978-85-315-1623-8
    1. Afirmações 2. Autorrealização (Psicologia) — Conduta de vida
I. Título.

09-12426   CDD-158.128

Índices para catálogo sistemático:
1. Reflexões para uma vida consciente : Psicologia aplicada 158.128

O primeiro número à esquerda indica a edição, ou reedição, desta obra. A primeira dezena à direita indica o ano em que esta edição, ou reedição, foi publicada.

Edição   Ano

1-2-3-4-5-6-7-8-9-10-11   10-11-12-13-14-15-16-17-18

Direitos de tradução para o Brasil
adquiridos com exclusividade pela
EDITORA PENSAMENTO-CULTRIX LTDA.
Rua Dr. Mário Vicente, 368 — 04270-000 — São Paulo, SP
Fone: 2066-9000 — Fax: 2066-9008
E-mail: pensamento@cultrix.com.br
http://www.pensamento-cultrix.com.br
que se reserva a propriedade literária desta tradução.

Agradecimentos

Gostaria de agradecer a Denise Grimshaw pelas ideias, pela criatividade e pelas inúmeras horas de pesquisa que foram necessárias para coletar todas as diversas citações e reuni-las em forma de meditações diárias a serem feitas ao longo de todo o ano.

Um agradecimento especial ainda a Kathleen Holland, pelas diversas sugestões úteis, pelas contribuições criativas e pelo difícil trabalho de edição e organização do manuscrito.

Obrigada também a Kathryn Altman por coordenar o projeto, a Marc Allen por seu apoio e encorajamento, a Carol LaRusso e a Katherine Dieter pela edição e auxílio geral, e a Elizabeth Preim pela assistência na organização do manuscrito original.

Com respeito à segunda edição, quero agradecer a Georgia Hughes, a Tona Pearce Myers e ao restante da equipe da New World Library.

Introdução

Muitos de nós, no mundo de hoje, estão numa jornada de conscientização. Estamos buscando uma vida pessoal e coletiva mais em sintonia com as leis naturais e os princípios universais, para que possamos viver em equilíbrio e harmonia com nós mesmos, uns com os outros e com a Terra. Atualmente, com os desafios ecológicos, sociais e políticos que enfrentamos, somados aos nossos problemas pessoais, é essencial que aprendamos a viver de maneira mais consciente. Se assumirmos individualmente a responsabilidade por viver a nossa vida com consciência, poderemos dar exemplos que encorajem outras pessoas neste mundo a fazerem o mesmo.

Aprender a viver o nosso cotidiano com consciência é um processo que dura a vida inteira e se aprofunda a cada dia. Ele requer que entremos em contato com a sabedoria espiritual da nossa essência e a integremos a todos os outros níveis do nosso ser: o mental, o emocional e o físico. Ele nos desafia a reconhecer e a abandonar padrões e crenças obsoletas e a nos abrir para novos caminhos em todas as áreas da nossa vida.

Espero que este livro possa ajudá-lo na sua vida diária. A meditação de cada dia se compõe de um título, uma breve mensagem e uma afirmação ou pergunta. Talvez você ache algumas delas inspiradoras, outras provocadoras e até desafiadoras — pois elas o obrigam a analisar mais a fundo as suas crenças, os seus sentimentos ou a sua maneira de viver. Você pode concordar ou discordar do que eu disse; a minha intenção é estimulá-lo a ter mais consciência do seu senso da verdade.

Este livro está organizado em tópicos ou temas, que podem valer apenas para um dia ou se repetir durante vários dias, uma semana, uma quinzena ou um mês. A maioria do material foi editada a partir de minhas palestras e entrevistas. Alguns textos foram extraídos de meus livros *Return to the Garden* e *Meditations*. Procuramos fazer com que todas as meditações ficassem claras e fossem autoexplicativas, mas se você tiver dificuldade para compreender os conceitos desta obra, recomendo que leia os meus outros livros.

Uma das maneiras de usar este livro é ler uma meditação a cada manhã. Se a afirmação lhe parecer boa, repita-a para si mesmo ou escreva-a algumas vezes ao longo do dia. Caso a afirmação não lhe sirva, invente outra que tenha mais a ver com você. Se aparecer uma pergunta, faça-a para si mesmo e reflita sobre ela durante algum tempo. Se quiser, pode anotar por escrito quaisquer pensamentos e sentimentos que lhe ocorrerem.

Espero que você aprecie este livro e que ele lhe seja útil.

Com afeto,
Shakti Gawain

Verão

1º de janeiro

Momento de despertar

Toda manhã, ao despertar, temos a oportunidade de começar uma vida nova, com uma perspectiva diferente, fruto do que aprendemos no dia anterior e do repouso reparador de uma noite de sono.

O início de um novo ano representa uma oportunidade especial de despertar para novos níveis de consciência, com toda a sabedoria que adquirimos com as experiências do ano anterior. Dia após dia e ano após ano, continuamos a nossa jornada de despertar rumo a uma consciência mais ampla.

A cada dia e a cada ano estou
despertando para uma consciência maior.

2 de janeiro

A jornada da consciência

Tornar-se consciente significa ter uma percepção crescente do que se passa à nossa volta e dentro de nós. Todos vivemos num certo nível de negação, e estamos no processo de despertar dessa inconsciência. Ter consciência não significa se corrigir ou melhorar. Significa conhecer-se em todos os aspectos e, portanto, viver muito mais plenamente. A jornada da consciência dura uma vida inteira. Mas, se você realmente pensar a respeito, vai ver que não há alternativa.

Empreenderei, ao longo da minha vida inteira,
uma jornada rumo ao despertar consciente.

3 de janeiro

Respeite-se

Não existe ninguém igual a você. Você é uma parte válida e especial do universo. Você é importante. Está aqui para fazer as coisas do seu jeito, como ninguém mais sabe fazer. Esteja certo disso no âmago mais profundo do seu ser.

Não existe ninguém igual a mim. Agora mesmo, estou contribuindo para o universo de um jeito que é só meu.

4 de janeiro

O que você quer?

Todos nós queremos certas coisas, embora nem sempre tenhamos consciência de que coisas são essas. Se conseguirmos entrar em contato com o que queremos, poderemos criar isso. Porque o simples fato de ter consciência dos nossos desejos verdadeiros muitas vezes nos leva a manifestá-los em nossa vida.

Estou me tornando consciente das
minhas necessidades e desejos mais profundos.

5 de janeiro

Estabeleça objetivos

Logo que estiver consciente do que quer, você pode começar a pensar no segundo passo: estabelecer objetivos. Para conseguir o que deseja, você precisa agir. Essa ação não é complicada. Simplesmente anote quais são os seus objetivos para o ano que se inicia e para os próximos cinco anos. Não é porque os anotou por escrito que você precisa ficar preso a eles. Os seus objetivos estão sempre evoluindo e se modificando. Mas você precisa saber que objetivos são esses no momento. Só assim conseguirá avançar.

Quais são os meus objetivos para este ano?
E para os próximos cinco anos?

6 de janeiro

Nós conseguimos o que desejamos

O universo foi projetado para lhe dar tudo de que você precisa e o que deseja. São na verdade os nossos próprios medos e sentimentos de não merecimento, vergonha e dúvida que nos impedem de receber a incrível abundância, plenitude e bondade da vida.

Quando aprendo a confiar no universo,
recebo tudo o que desejo.

7 de janeiro

Nós criamos a nossa própria realidade

Criamos a nossa própria realidade a cada instante, estejamos ou não conscientes disso. Se não estivermos conscientes, nós a criamos com os nossos hábitos e antigos padrões. À medida que ficamos mais conscientes, mais capazes somos de criar o que realmente desejamos.

Estou criando a minha própria realidade todos os dias.

8 de janeiro

A nossa vida é criação nossa

Precisamos reconhecer como a nossa vida já é incrível e, portanto, como somos poderosos. Nós todos criamos até agora muitas experiências únicas, interessantes e até mesmo estupendas em nossa vida. Atraímos numerosos personagens fascinantes para o drama da nossa realidade pessoal. Essas pessoas e experiências são, todas elas, reflexos da nossa criatividade. Embora todos nós sejamos capazes de criar realidades até melhores e mais satisfatórias, o que já manifestamos é uma prova contundente do quanto o nosso ser é realmente poderoso.

*A minha vida é expressão
da minha própria criatividade.*

9 de janeiro

A *vida é simples*

A vida é muito mais simples do que a maioria de nós pensa. Nós nos empenhamos tanto para tentar melhorar, tentar crescer, tentar ficar mais conscientes, tentar conquistar o mundo! Precisamos relaxar, nos abrir e nos permitir receber da vida força dentro de nós e à nossa volta. A vida está sempre tentando nos trazer tudo o que queremos e precisamos, mas na maior parte do tempo estamos nos movendo tão rápido e tentando com tanto empenho que nem sequer notamos!

Estou aberto para receber tudo
o que surgir em meu caminho hoje.

10 de janeiro

Cada um de nós tem uma linha direta com a verdade

Cada um de nós tem a sabedoria da vida dentro de si e também uma linha direta com a verdade a todo momento. Se conseguirmos ouvir e confiar na nossa intuição, ela nos guiará. Se permitirmos, ela nos mostrará, passo a passo, o que precisamos fazer e o que precisamos saber a cada momento da nossa vida.

A minha intuição está me guiando através da vida.

11 de janeiro

A vida é uma exploração

A vida é uma exploração. Para pensarmos dessa maneira, precisamos nos libertar. Costumamos levar tudo o que fazemos muito a sério e sentimos que cada ação precisa produzir os resultados desejados. Quando, em vez disso, conseguimos pensar na vida como uma exploração, ficamos livres para tentar mais coisas. Podemos explorar as nossas opções e descobrir muitos aspectos diferentes de nós mesmos. Essa atitude cria mais possibilidades para nós.

Se algumas coisas que você está tentando fazer não estão dando certo, deixe-as para lá. Não pense que, só porque começou algo, precisa acabá-lo. Não há nada de errado em explorar e aprender com o processo de descoberta.

Eu estou disposto a explorar algo novo.

12 de janeiro

Viva com paixão

Você está fazendo algo porque sente culpa ou porque acha que tem obrigação? Em vez disso, pergunte a si mesmo o que realmente gostaria de fazer. Faça o que tiver vontade e isso lhe dará mais satisfação. Viva a sua vida com paixão, de um modo mais significativo e divertido.

Como poderá criar um mundo de alegria e plenitude se não começar a viver dessa maneira a cada instante?

Quando deixo de lado as "obrigações" e
o sentimento de culpa, faço o que me traz alegria.

13 de janeiro

Espontaneidade

A espontaneidade é a capacidade de viver no momento e seguir de fato as próprias energias, avançando de modo livre e pleno com a força vital. Ser totalmente espontâneo às vezes é um sentimento maravilhoso.

A nossa cultura geralmente valoriza muito mais a estrutura, o planejamento e a disciplina do que a espontaneidade. A espontaneidade é comparada à infância. Mesmo quando crianças, muitos de nós eram forçados a controlar a espontaneidade. Na idade adulta, certamente esperam que nos comportemos de modo racional e contido, o que faz com que muitos de nós percam o contato com o verdadeiro espírito da espontaneidade. Uma das coisas mais profundas que você pode fazer no seu processo de cura é recuperar a ligação com a sua espontaneidade natural.

Todo dia, estou aprendendo a seguir mais plena
e livremente com a força vital.

14 de janeiro

A perda da espontaneidade contribui para os vícios

Uma das maneiras que certas pessoas encontram de lidar com a repressão do seu espírito natural de espontaneidade é consumir drogas. O álcool e algumas outras drogas paralisam temporariamente a "censura" da nossa psique que tende a reprimir qualquer coisa que possa não ser socialmente aceitável. Isso permite um rompante passageiro de espontaneidade. Infelizmente, esse rompante é distorcido, antinatural e destrutivo e acaba levando a outras repressões.

O processo de cura requer que deixemos de nos manipular com substâncias artificiais e procuremos conhecer a nossa psique. Precisamos buscar o auxílio necessário para confiar em nosso eu natural e sensível e nos expressarmos de maneiras saudáveis em nossa vida.

Eu me expresso espontaneamente de
maneiras naturais, criativas e saudáveis.

15 de janeiro

A espontaneidade pode parecer perda de controle

A espontaneidade pode parecer assustadora, pois significa deixar de lado as nossas ideias planejadas com antecipação e confiar no momento, deixando o espírito fluir através de nós. Significa assumir o risco e abrir mão do controle. A princípio é difícil, especialmente se fomos ensinados a não confiar na espontaneidade. Mas quando sentimos essa conexão com o momento, é extremamente gratificante. Quando estamos livres para seguir os nossos sentimentos espontâneos, estamos abertos para o universo e para mais oportunidades e criatividade na nossa vida.

Comece abrindo caminho para mais espontaneidade em situações de menor importância, nas ocasiões em que se sentir relativamente seguro. A espontaneidade aumentará naturalmente, à medida que você aprender a confiar nela.

*Eu estou confiando no universo e permitindo
que ele trabalhe por meu intermédio.*

16 de janeiro

A disciplina permite o divertimento

Algumas pessoas são muito espontâneas. Elas reagem à vida de um modo bastante emocional e se sentem muitas vezes inclinadas a buscar o prazer e a diversão. Geralmente são criativas, artísticas e fascinadas com o mundo à sua volta. Às vezes elas sofrem com a falta de sucesso ou reconhecimento no mundo, porque têm medo e carecem da qualidade da disciplina e da estrutura. Elas precisam aprender que a disciplina pode permitir o divertimento e também a criatividade. Pode permitir que se curta a vida. Ela não significa necessariamente o sufocamento do espírito; ela só leva a sua vida de volta para o equilíbrio.

Eu estou aprendendo a equilibrar disciplina e espontaneidade.

17 de janeiro

O equilíbrio entre espontaneidade e disciplina

A espontaneidade e a disciplina andam de mãos dadas na nossa vida. É bom ter estrutura e organização quando você está tentando algo novo para ajudá-lo a se sentir seguro e lhe mostrar uma direção. A disciplina colabora com o processo de aprendizado. Dá a você uma ideia mais exata do que está fazendo e mais confiança. Então, quando dominar os aspectos básicos, você pode ser mais espontâneo.

A disciplina pode lhe fornecer certos instrumentos técnicos e algum tipo de estrutura que dê sustentação ao espírito criativo. Quando você aprende a tocar música, pode ter que tocar escalas no início. Depois que dominar as escalas, você pode expressar com mais espontaneidade os seus sentimentos e improvisar, permitindo que o seu espírito flua através de si mesmo.

Por meio da disciplina e da espontaneidade
eu me expresso de maneira criativa.

18 de janeiro

Crie uma estrutura positiva na sua vida

Mesmo sem saber se você precisa de mais espontaneidade ou de mais disciplina, é bom estabelecer uma estrutura na sua vida para ajudá-lo a encontrar um equilíbrio entre essas qualidades. Todos nós precisamos trabalhar um determinado número de horas por dia e ter algum tempo para a diversão e o relaxamento. Precisamos de tempo para cumprir as nossas tarefas e tempo para a convivência com as pessoas que amamos. A maioria de nós tem dificuldade para conciliar tudo isso. Precisamos organizar a nossa agenda diária e semanal de modo a satisfazer todas as nossas necessidades básicas.

Eu estou organizando os meus horários
de maneira equilibrada.

19 de janeiro

Encontre o seu próprio ritmo

É muito importante organizar os seus horários de um modo que realmente o satisfaça; assim você não vai se sentir tentado a se rebelar contra eles. Se a sua agenda inclui apenas o que você precisa fazer e não dá espaço para o que você quer fazer, ela não vai funcionar; você simplesmente a abandonará. Procure deixar na sua agenda horários livres e espaço para o improviso. Você está tentando dar mais espaço para a criatividade, não sufocá-la.

Faça uma lista das suas prioridades e do tempo que elas exigem. Leve em conta as suas responsabilidades e as necessidades das pessoas à sua volta. E as inclua na sua agenda semanal. Encontre o seu próprio ritmo. Faça o que mais o agrada, o que funciona com você, o que o faz se sentir equilibrado e lhe traz bem-estar.

Estou encontrando um equilíbrio em minha vida
entre trabalho e diversão e entre as minhas responsabilidades
com relação aos outros e a mim mesmo.

20 de janeiro

A perfeição está em curso

A vida humana, pela própria natureza, é cheia de vulnerabilidades, tentativa e erro e aprendizado. Esperar que nos comportemos de maneira perfeita ou que obtenhamos resultados perfeitos não é uma atitude realista.

Precisamos mudar o foco, deixando de buscar resultados perfeitos ou de viver segundo padrões excelentes e passar a reconhecer a perfeição inata no processo ou na jornada. A força vital tem uma perfeição incrível quanto a isso. À medida que aprendermos a reconhecer e a seguir a força vital, veremos a perfeição do processo, o modo como tudo o que precisamos saber vem até nós de uma maneira espantosa que nunca poderíamos ter imaginado ou compreendido.

Eu aceito a perfeição do meu processo.

21 de janeiro

Confie no seu poder superior

Existe uma inteligência superior em ação dentro de nós. Ela sabe o que está fazendo e nos guia o tempo todo, mostrando-nos, ensinando-nos e nos amando. Ela está tentando nos ajudar a nos tornarmos tudo o que podemos ser. Para fazer isso, ela tem que nos orientar em nosso próprio processo de cura. Às vezes isso pode ser desconfortável. Mas, com o tempo, passamos a ver a necessidade e a perfeição de cada passo que demos nessa jornada.

Estou aprendendo a reconhecer e aceitar o meu poder superior.
E estou aprendendo a confiar e a contar com ele.

22 de janeiro

Nós já estamos onde precisamos estar

Como seres humanos, estamos sempre tentando chegar a algum lugar. Muitos de nós buscam algum padrão de sucesso que, segundo cremos, pode nos trazer felicidade ou a aprovação do mundo. Até aqueles que se dedicam a um processo de crescimento pessoal ainda têm a impressão de que certamente não estão onde querem estar; estão querendo chegar a um lugar melhor. E quando chegarem a esse lugar, tudo de algum modo ficará bem. Porém, não é possível encontrar a consciência em outro lugar; nós a conquistamos tornando-nos conscientes de onde estamos agora.

Tentar chegar a algum outro lugar nos impede de apreciar o processo. Quando começamos a gostar do processo em si, podemos parar de nos preocupar e nos absorver completamente na fascinante jornada que é descobrir cada momento em cada dia.

Hoje não estou tentando chegar a nenhum outro lugar. Estou mais interessado em tomar consciência de onde estou agora.

23 de janeiro

Somos alunos

Todos nós temos a tendência de nos criticar. Somos muito eficientes na tarefa de apontar o que há de errado ou inadequado conosco. Estamos quase sempre nos torturando porque não fazemos tudo de maneira absolutamente certa ou porque não somos perfeitos no momento. Viver desse jeito machuca. Se você se tortura, não consegue aprender. Estamos todos aqui para aprender. Estamos numa escola. Somos crianças. Se já fôssemos iluminados, não estaríamos aqui.

A vida é a minha escola e estou aqui para aprender.

24 de janeiro

Você tem uma mestra dentro de si

Você tem uma mestra dentro de si. É a sua própria sabedoria interior. Ela está com você a todo instante, mesmo que não possa senti-la. Tudo o que você precisa fazer é mergulhar dentro de si e pedir orientação, solicitar a verdade, requerer auxílio, amor ou o incentivo de que precisa. Quando pedimos orientação, ela começa a nos atender na mesma hora. Ela nem sempre atende ao nosso pedido do modo que esperávamos, mas sempre nos atende.

A minha sabedoria intuitiva está guiando cada um dos passos que dou no meu caminho especial.

25 de janeiro

As mensagens estão sempre à nossa volta

As mensagens do universo chegam até nós de maneiras extraordinárias. Coisas muito literais e muito específicas podem acontecer para lhe mostrar o que a sua alma está tentando lhe dizer. Você talvez precise deixar de lado algum condicionamento racional até para considerar a ideia de que possa existir uma força superior que sabe o que está fazendo e está tentando se comunicar com você. Contudo, se você de fato se abrir para a ideia de que um poder superior está tentando guiá-lo, começará a receber mensagens da sua intuição, dos seus sonhos ou até do simples ato de observar os acontecimentos da sua vida.

*Eu estou me dando conta de todas
as mensagens do universo.*

26 de janeiro

A vida nunca está tentando nos dizer que existe algo de errado conosco

O universo está sempre tentando nos mostrar como podemos nos tornar mais do que somos. As lições dolorosas que inevitavelmente recebemos mostram que não estamos confiando em nós mesmos ou nos amando, ou que não estamos nos expressando corretamente ou cuidando de nós mesmos da maneira apropriada. De algum modo, não estamos dando a devida atenção ao relacionamento com o nosso próprio ser. O universo está tentando nos mostrar como podemos expressar o nosso poder, a verdade e a criatividade em nossa vida e como podemos amar e confiar mais em nós mesmos.

Eu me respeito por ser quem sou.
A cada dia me torno mais e mais eu mesmo.

27 de janeiro

Aceite de bom grado também os momentos difíceis

Aceite o que a vida lhe traz hoje. Existe uma grande riqueza até mesmo nos momentos desagradáveis. É evidente que preferiríamos que esses momentos decorressem mais rápido, mas toda vez que passamos por algo doloroso, confuso, sombrio ou de algum modo difícil, fica um pouquinho mais fácil confiar que disso resultará algo positivo.

Quando você fica fascinado pelo processo propriamente dito, pode aproveitar tudo como uma experiência de aprendizado. Não demora muito até você perceber a situação e ver do que se trata, ou compreender por que precisa passar por ela ou o que ela lhe ensinará.

Eu aceito as experiências pelas quais estou passando
como parte do meu processo de aprendizado.

28 de janeiro

Todos os dias estão repletos de dádivas

Todos os dias nos trazem muitas lições e ensinamentos, que são verdadeiras dádivas disfarçadas. Muitas vezes resistimos a essas experiências a princípio, desejando que outra coisa tivesse acontecido! O processo de aprendizado é mais fácil se pudermos dizer a nós mesmos: "A vida está me dando um presente agora. Está me ensinando algo sobre mim mesmo, algo que eu realmente quero aprender. Olhe só o quanto já aprendi! Veja o quanto já avancei! Agora estou diante da próxima lição que preciso aprender". Às vezes, essas experiências parecem dolorosas, mas quando recebemos a cura que elas nos proporcionam, podemos reconhecê-las e sentirmos gratidão pelas dádivas que elas nos trazem.

Que dádivas estou recebendo do universo hoje?
O que eu preciso aprender?

29 de janeiro

Busque o lado bem-humorado da vida

Se você estiver disposto a observar, vai ver que o universo tem um ótimo senso de humor. Ao começar a olhar a vida como uma jornada que segue algum tipo de ordem e tem um determinado propósito, você começa a ver a mão do universo em todos os tipos de situação bem-humorada, divertida ou até vexatória. Coincidências ou sincronicidades ocorrem, ou ironias acontecem, se você estiver aberto para vê-las.

Quando me abro para o lado espirituoso do universo,
vejo seu lado divertido em todas as situações.

30 de janeiro

Pergunte ao seu guia interior

Ao se sentir confuso ou em dúvida, quando não souber que direção tomar, o que precisa fazer ou o que deveria estar aprendendo, simplesmente volte-se para dentro. É difícil se lembrar de fazer isso, mas é muito importante. Todos os dias, pergunte que direção você deve tomar, o que precisa saber ou o que está aprendendo com uma experiência. Não pare de perguntar e continue mantendo uma atitude aberta até receber as respostas. Se ainda não tiver certeza, você pode pedir um sinal. Fique alerta e veja o que acontece.

Quando consulto meu guia interior,
a resposta me é revelada.

31 de janeiro

Ame-se

Ame-se por ter a coragem de nascer no plano físico e de empreender esta jornada tão difícil. Ame-se pela conexão que você tem com o poder do universo. Ame-se pela sua maravilhosa condição humana, pela sua vulnerabilidade, pela sua perplexidade, até pela sua ignorância. Ame-se pela criança que você é. Você está aqui, na sua inocência, para crescer e aprender.

Eu me amo e me respeito.

1º de fevereiro

O medo do vazio

Estamos tão desconectados da essência do nosso espírito e da força vital do universo que sentimos um vazio dentro de nós, uma solidão, a sensação de que falta alguma coisa. Isso é terrivelmente assustador, por isso inventamos tantas atividades para nos manter ocupados e assim evitar esses sentimentos. Se interrompermos toda essa movimentação frenética, sentiremos o nosso vazio existencial. E é claro que é exatamente isso o que precisamos fazer. Irônica e paradoxalmente, quando entramos em contato com esse vazio conseguimos nos reconectar com o espírito e nos reabastecer em nossa fonte espiritual.

Estou conectado com os meus sentimentos mais profundos.

2 de fevereiro

Quietude

A quietude é algo que a nossa cultura não valoriza e da qual tem certo receio. Não cultivamos a arte da quietude, que é basicamente meditação — aquietarmo-nos nos níveis físico, emocional e mental a ponto de ficarmos conscientes do nível espiritual. A quietude nos permite interromper a nossa agitação frenética e confrontar a sensação de vazio ou de solidão. Se mantivermos uma proximidade com os nossos sentimentos dolorosos por um período longo o suficiente para superá-los, entraremos em contato com o nosso eu essencial mais profundo e nos reconectaremos com o senso universal de unidade de todas as coisas vivas.

A quietude pode ser um estado de extrema felicidade se você se mantiver física, mental e emocionalmente sereno por tempo suficiente para realmente se conectar com o espírito.

Estou cultivando a arte da quietude.

3 de fevereiro

Reserve todos os dias um tempo para a quietude

É importantíssimo encontrar tempo para um momento de quietude ao longo do dia. Os dois períodos do dia que as pessoas costumam achar mais apropriados para a quietude ou para a meditação são de manhã bem cedo, antes de começar as ocupações cotidianas, ou à noite, depois dos principais acontecimentos do dia.

Entregar-se à quietude, mesmo que apenas por alguns momentos, pode ser muitíssimo revitalizante. Não pense que você tem que meditar durante trinta minutos ou uma hora. Cinco ou dez minutos podem ser suficientes se você souber relaxar ou mergulhar dentro de si nesse curto espaço de tempo. Afaste-se da sua mente e mergulhe dentro do seu ser. A sensação é a mesma de se encaixar suavemente num lugar. Se a sua mente está ativa demais e existem coisas demais se passando dentro dela, você não conseguirá se ajustar nesse lugar. Com a prática, você pode aprender a fazer isso bem rapidamente.

Hoje e todos os dias eu reservo
um tempo para sentir a quietude.

4 de fevereiro

Tornar-se completo

O universo consiste num número infinito de qualidades essenciais, energias ou arquétipos. Todas essas energias existem dentro de cada um de nós. Para nos tornarmos seres humanos completos e realizados, precisamos desenvolver e expressar o maior número dessas qualidades na nossa vida, da maneira mais plena possível. A vida está sempre nos guiando na direção que nos ajudará a desenvolver as realidades de que mais precisamos.

Cada experiência da minha jornada
está me ajudando a me tornar completo.

5 de fevereiro

Paradoxo

A natureza do plano físico é a dualidade. Isso significa que para toda verdade existe uma verdade igual e oposta. Isso nos parece um paradoxo e é difícil de aceitar porque nos habituamos ao pensamento linear. Para o lado esquerdo racional do nosso cérebro, esse paradoxo é difícil de entender. Precisamos recorrer ao lado mais holístico do nosso ser, mais intuitivo e ligado ao lado direito do cérebro, para entender o todo e ver que a verdade se apresenta em pares de opostos. Precisamos analisar e compreender todos esses opostos.

Eu aceito os paradoxos da minha vida
e estou aberto para aprender com eles.

6 de fevereiro

A vida está repleta de polaridades

A vida está repleta de opostos e polaridades. Quando conseguimos realmente apreender e aceitar todos os opostos da vida dentro de nós, quando temos de fato a capacidade de expressar todos esses opostos, então somos seres humanos plenos e conscientes. E a menos que tenhamos todos esses opostos dentro de nós, não estamos completos.

Todas as polaridades da vida
existem dentro de mim.

7 de fevereiro

O caminho que leva a uma qualidade passa pela qualidade oposta

Para expressarmos plenamente uma energia, é necessário integrar a sua polaridade oposta. Pode-se até dizer que o caminho que leva a uma qualidade passa pela qualidade oposta. Por exemplo, você só pode ser realmente forte na medida em que aceitou a sua fraqueza ou a sua vulnerabilidade. Para ser um grande mestre, você também precisa estar disposto a aprender. E a pessoa realmente sábia é aquela que aceita a sua própria insensatez.

Estou aberto a novas energias, que sejam contrárias àquelas que me parecem mais confortáveis.

8 de fevereiro

A vida nos leva na direção do nosso oposto

A maioria de nós aceita e expressa muito bem um dos lados de uma polaridade, mas tem dificuldade para aceitar e expressar a polaridade oposta. Ou podemos nos sentir muito seguros no meio-termo e sentirmos receio de expressar qualquer um dos extremos. Se nos identificamos com uma polaridade, a vida sempre nos impulsiona para o seu oposto. Se nos sentimos à vontade no meio-termo, a vida pode nos empurrar para ambas as direções ou nos orientar para uma direção e depois para a outra. Em muitos casos, ela faz isso por meio dos nossos relacionamentos. As pessoas com quem temos relacionamentos tendem a nos pressionar para que expressemos a parte de nós que ainda não aprendemos a expressar.

Com que qualidades me sinto à vontade e sei como expressar?

Quais são as qualidades opostas a essas?
Até que ponto me sinto à vontade com elas?

9 de fevereiro

Abrangendo os opostos

Lidar com polaridades significa não rejeitar as partes de nós com as quais não nos sentimos à vontade. Significa expandirmo-nos para incluí-las. Pense em si mesmo como um círculo, com várias polaridades em extremos opostos. Em vez de se afastar de algumas partes, é melhor tornar o círculo maior.

Eu estou me expandindo para abarcar
as polaridades da minha vida.

10 de fevereiro

Nenhuma parte de nós é negativa

Julgamos alguns dos nossos sentimentos, pensamentos e energias como negativos, pois classificamos outros aspectos nossos e da nossa vida como positivos. Tentamos nos livrar das coisas negativas e viver apenas as positivas. Mas as coisas que chamamos de negativas são simplesmente aquelas de que temos medo ou que não compreendemos. Não queremos vivenciá-las, então as chamamos de negativas. Encaramo-las como se fossem ruins e tentamos nos livrar delas. Mas elas nunca nos deixarão, porque são parte de nós e uma parte da vida.

Estou disposto a olhar
os lados "negativos" de mim mesmo.

11 de fevereiro

Que parte de si mesmo você está bloqueando?

Quando bloqueamos a energia que armazenamos nos nossos lados "negativos" e utilizamos mais energia para mantê-la bloqueada, nós limitamos o nosso poder. Quando investimos cada vez mais energia tentando manter fechada a porta do nosso eu "negativo", tentando não expressar aspectos de nós mesmos que consideramos ruins ou assustadores, esgotamos a nossa força vital. Na verdade, morremos quando usamos a nossa energia para nos isolar da nossa própria energia!

A vida está tentando nos ensinar como abrir a porta e começarmos a olhar para aquelas partes de nós que nos assustam, que odiamos e que julgamos feias, vis, assustadoras e detestáveis. A vida está nos ajudando a descobrir os aspectos ocultos de nós mesmos de que precisamos, que queremos e sem os quais não podemos viver.

Estou aprendendo a aceitar
todos os lados de mim mesmo.

12 de fevereiro

Tudo no universo quer ser amado

Tudo de que você não gosta, tudo o que você rejeita, tudo que você tenta afastar ou do qual tenta se livrar o acompanha como uma sombra. Aborrece e persegue você. É uma pedra no seu sapato. Isso porque tudo no universo quer ser amado. Esse é um princípio muito simples!

Toda criação quer ser amada, apreciada e incluída na vida. Qualquer qualidade ou energia que você não estiver vivenciando ou expressando na sua vida vem procurá-lo até que você a aceite e a integre.

Existe alguém ou alguma coisa que esteja me incomodando?
Será que isso representa alguma parte de mim
mesmo que quer ser amada?

13 de fevereiro

Você é um ser multifacetado

É essencial para nós aceitar que temos muitos aspectos conflituosos em nossa personalidade. Não podemos esperar que sejamos totalmente coerentes. Em vez disso, precisamos manter a perspectiva de abarcar todos os nossos aspectos conflituosos e variados e nos encarar como seres multifacetados. Como podemos expandir o suficiente todos os nossos numerosos aspectos para que eles brilhem e se expressem na nossa vida?

Eu expresso todas as facetas do meu ser
e me alegro com isso.

14 de fevereiro

Um caso de amor com o universo

Os dois princípios essenciais da vida são expressos na filosofia oriental como yin e yang — masculino e feminino. A pulsação da energia entre essas duas polaridades cria a dança da vida.

O princípio feminino dentro de nós (homens e mulheres) é o aspecto receptivo, intuitivo e sensível de nós mesmos. O princípio masculino se expressa na nossa força e na capacidade para manter o foco e entrar em ação. Ao levarmos esses dois aspectos ao equilíbrio, à harmonia e à união, criamos um caso de amor com o universo dentro do nosso próprio ser.

O meu caso de amor com o universo
está se expressando na minha vida.

15 de fevereiro

As polaridades dentro de nós

Estão relacionados abaixo alguns pares de qualidades opostas ou polaridades:

Masculino	Feminino
Fazer	Ser
Ativo	Passivo
Racional	Intuitivo
Forte	Vulnerável
Organizado	Espontâneo
Material	Espiritual
Sério	Espirituoso
Responsável	Despreocupado
Doador	Receptor
Intelectual	Emotivo

Com quais qualidades você se sente mais à vontade e/ou expressa na sua personalidade? Quais delas você precisa aceitar ou desenvolver?

*Estou aprendendo a aceitar e
a desenvolver minhas qualidades opostas.*

16 de fevereiro

Precisamos equilibrar o ser e o fazer

uas das polaridades mais básicas e importantes que precisamos equilibrar são as energias de ser e fazer. Ser é a capacidade de estar totalmente presente no momento, com uma atitude aberta e receptiva — simplesmente vivendo. Fazer é a capacidade de mover-se no tempo com a atenção focada na realização de uma determinada tarefa.

Ser é a essência da energia feminina. Fazer é a essência da energia masculina. Como homem ou mulher, todos nós temos essas duas energias. Quase todo mundo se sente mais à vontade com uma dessas polaridades do que com a outra e, portanto, desenvolvemos mais uma capacidade do que a outra. Para viver a vida de maneira equilibrada, porém, precisamos desenvolver integralmente a nossa capacidade de ser e de fazer.

Hoje vou dedicar meu tempo
ao ser e ao fazer.

17 de fevereiro

Aprecie o valor de ser

Na nossa cultura, a energia masculina é mais respeitada e compreendida do que a energia feminina. Por isso, o fazer é mais valorizado e cultivado do que o ser. Na verdade, o ser não é visto como uma maneira legítima ou importante de passar o tempo. Se não estivermos propriamente fazendo ou realizando alguma coisa, achamos que estamos "perdendo tempo". Por causa desse preconceito cultural, a maioria de nós se obriga a fazer mais do que a nossa energia natural permitiria. Estamos constantemente esgotados e exauridos, usando cafeína e outros estimulantes para dar conta de tudo. Até homens e mulheres que sabem simplesmente "ser" e passam grande parte do seu tempo dessa maneira muitas vezes não se respeitam ou não têm o respeito das outras pessoas pela capacidade de ser. Precisamos valorizar o ser.

Eu valorizo o tempo
que passo simplesmente "sendo".

18 de fevereiro

Cultive a arte de ser

É hora de cultivar e apreciar a arte de ser. Essa é uma experiência profundamente gratificante e satisfatória que nos leva a comungar com o nosso eu espiritual mais profundo, com a natureza e com as outras pessoas. O tempo que passamos "sendo" revitaliza e renova as nossas energias; cura o nosso corpo, a nossa mente e o nosso espírito; enche-nos de inspiração e torna a vida mais digna de ser vivida.

Estou aprendendo
a arte de ser.

19 de fevereiro

Não estamos acostumados a simplesmente ser

A maioria das pessoas está tão pouco acostumada a simplesmente ser que isso pode ser algo até mesmo assustador. Somos viciados em fazer. Somos programados a achar que temos que estar o tempo todo fazendo alguma coisa e que, se não estamos produzindo algo, estamos perdendo tempo. Podemos tentar dar a nós mesmos um tempo para simplesmente ser, mas ficamos impacientes e achamos que nada muito importante está acontecendo. No entanto, é muito importante passar uma parte do dia simplesmente "existindo". Isso não apenas nos revitaliza e reabastece as nossas energias, de modo que possamos continuar fazendo e dando de nós mesmos, mas também nos dá oportunidade para nos conectarmos com a nossa orientação interior e com a nossa inspiração.

Hoje e todos os dias, dou a mim mesmo um tempo para simplesmente ser, sem ter que fazer nada.

20 de fevereiro

Duas maneiras de se conseguir o que se quer

As energias masculina e feminina dentro de nós têm duas maneiras de criar o que elas querem na vida. A energia masculina consegue o que quer por meio do fazer — ela vai atrás do que quer e faz as coisas acontecerem. A energia feminina consegue o que quer por meio do ser — atraindo para si e se abrindo para receber o que deseja. Precisamos desenvolver os dois princípios. Precisamos ir atrás do que queremos e fazer as coisas acontecerem quando necessário, e precisamos relaxar e deixar que as coisas venham até nós no momento mais apropriado.

Eu estou desenvolvendo tanto o meu jeito feminino quanto o masculino de criar o que quero na minha vida.

21 de fevereiro

Descubra o seu jeito

Quando se trata de satisfazer as nossas necessidades na vida, a maioria de nós recorre mais a um desses dois jeitos. Ou nos sentimos mais à vontade com o estilo masculino, ativo, de perseguir os nossos objetivos e desconfiamos do jeito de ser mais receptivo, ou confiamos na nossa energia feminina para atrair o que queremos e nos sentimos pouco à vontade com a abordagem masculina, mais direta. Nos dois casos, precisamos valorizar o nosso jeito e procurar desenvolver o seu oposto.

Qual é o meu jeito principal
de conseguir o que quero?

22 de fevereiro

Desenvolva o seu jeito oposto

Se você sabe correr atrás do que quer, talvez precise desenvolver a sua capacidade de relaxar e atrair as coisas e as pessoas para si. Se você costuma se conter e esperar que as coisas venham até você, precisa se arriscar a perseguir os seus objetivos mais ativamente. Supere os seus limites e conheça seu outro lado.

Escolha a afirmação que o ajude a desenvolver a sua maneira menos frequente de agir ou use as duas.

Estou aprendendo a conseguir o que quero:
a) agindo de modo mais direto e concentrado,
b) sendo mais descontraído e receptivo.

23 de fevereiro

Opções demais

Nos dias de hoje, um dos grandes problemas é ter opções demais. Pode ser difícil fazer as escolhas necessárias para simplificar a nossa vida, porque existe um medo enorme de que, se recusarmos alguma coisa, mais tarde sentiremos falta daquilo. Queremos ir a todos os lugares e fazer todas as coisas. Essa é uma expressão exagerada da nossa energia do "fazer". A energia do "fazer" em nós busca satisfação por meio da exploração externa e da descoberta. A menos que esteja desequilibrada, essa energia é maravilhosa.

Hoje, quais são as minhas maiores prioridades?
Posso abrir mão de algumas coisas que não são tão importantes?

24 de fevereiro

Descobrindo a simplicidade

Para encontrar equilíbrio, precisamos mergulhar dentro de nós e nos conectar com a nossa energia existencial. A energia existencial, que vem de dentro do nosso ser, nos dá uma sensação de plenitude e alegria no momento. Ela nos conecta com a nossa fonte interior. A partir dela então podemos perguntar, "O que eu realmente quero e preciso? Em que direção devo seguir?"

Podemos determinar qual atividade é necessária e significativa e abrir mão do resto. A vida pode se tornar mais simples e gratificante.

Eu estou simplificando a minha vida.

25 de fevereiro

A vida não precisa ser uma luta

Herdamos dos nossos pais e da nossa cultura a crença extremamente arraigada de que a vida é uma luta e que precisamos fazer um grande esforço para satisfazer as nossas necessidades e alcançar os nossos objetivos. Mas não precisa ser assim. Para muitos de nós esse conceito é difícil de aceitar porque qualquer coisa que não seja uma luta parece estranha e pouco familiar. Mas podemos parar de lutar e deixar que a vida seja mais fácil. É claro que existem desafios e tempos atribulados na vida de qualquer pessoa. Mas, no geral, viver significa seguir um curso simples e natural.

Hoje estou abrindo mão da minha necessidade de lutar. Estou deixando que a minha vida fique mais fácil agora.

26 de fevereiro

Somos viciados em atribulações

As atribulações são algo que conhecemos muito bem. Num certo sentido, nós nos sentimos à vontade quando as enfrentamos. Somos muito bons nisso. Vencer desafios, perseguir objetivos — isso é fácil. Mas, quando começamos a conquistar as coisas que sempre quisemos na vida, a sensação pode ser desconcertante. Uma parte de nós dirá, "Espere um pouco, não preciso lutar? Não há problema em conseguir tudo com tanta facilidade?" Isso pode ser assustador ou intrigante. Estamos acostumados a conseguir tudo com muito esforço e, quando as coisas começam a ficar mais fáceis, pode ser desconfortável. Receber as coisas de bandeja e conseguir tudo o que sempre quisemos pode ser um desafio!

Aceito que a minha vida seja fácil.

27 de fevereiro

A doença pode ser um sinal de que
você precisa de um tempo para ser

Se você não der a si mesmo o tempo de relaxamento de que precisa, o seu corpo pode dar um jeito de obrigá-lo a fazer isso. O corpo criará um colapso nervoso ou uma doença, ou pode se sentir simplesmente cansado e sem energia. As pessoas que precisam de um tempo de tranquilidade ou para simplesmente ser, e não se dão esse direito ou não sabem como fazer isso, podem descobrir que o corpo delas vai se recusar a cumprir as suas funções.

Muitas vezes, nosso corpo adoece quando precisamos de um tempo para ir mais devagar, um tempo de tranquilidade, um tempo para se voltar para dentro ou um tempo para simplesmente recuperar a energia que despendemos.

Estou prestando atenção ao que o meu corpo me diz.
Dou a mim mesmo o descanso de que preciso.

28 de fevereiro

Tédio

O tédio é algo que sentimos quando a nossa energia vital está bloqueada de algum modo. Normalmente isso acontece porque existe uma emoção ou sentimento que temos medo de experimentar e por isso os substituímos pelo tédio. Por baixo do tédio existe tristeza, dor, raiva ou um medo que não queremos sentir. Por isso simplesmente paramos de sentir. Sempre que paramos de sentir, interrompemos o fluxo da nossa energia vital, o que pode resultar no sentimento de tédio.

A vida nunca é entediante. Se estivermos sentindo tédio é porque estamos estagnados — a nossa energia está parada ou sofrendo algum tipo de bloqueio. Precisamos olhar esse sentimento de frente e perguntar, "Em que sentido estou estagnado? Como e por que estou me impedindo de avançar? Qual é o sentimento por trás desse tédio?"

Sempre que sinto tédio, procuro ver o que existe por baixo dele e descobrir quais os sentimentos verdadeiros que ele está encobrindo.

29 de fevereiro

Perda de tempo

Para muitos de nós, "perder" tempo é o maior dos pecados! Se você pensa assim, pode ser muito bom, para expandir a sua consciência, reservar algum tempo por semana para se dedicar a uma atividade totalmente fútil. Escolha algo agradável, mas que não tenha nenhum tipo de utilidade, como ler uma revista de fofocas, jogar um jogo, permanecer na cama ou qualquer outra coisa. Divirta-se e não se sinta culpado.

De vez em quando, eu dedico
algum tempo a diversões frívolas.

1º de março

Deixe os sentimentos fluírem

Bem poucos de nós sabem como lidar com as emoções de um jeito saudável e natural. Vivemos numa cultura que tem pavor de sentir demais. Todos nós aprendemos muitas maneiras de negar, reprimir, manipular ou distorcer as nossas emoções. Ficamos presos a certos padrões emocionais porque eles são conhecidos e nos transmitem segurança. O que não sabemos fazer é simplesmente aceitar e respeitar os nossos sentimentos e deixar que eles fluam no seu ritmo natural.

Estou aprendendo a confiar
no ritmo dos meus sentimentos.

2 de março

Os sentimentos são como o clima

Os sentimentos são como o clima: estão constantemente mudando — às vezes são sombrios, outras vezes luminosos, eventualmente intensos e tempestuosos ou suaves e tranquilos. Tentar resistir a um sentimento é como tentar controlar o tempo — algo totalmente fútil e frustrante! Além disso, se só vivêssemos dias ensolarados, de temperatura amena, a vida depois de certo período poderia ficar entediante. Quando pudermos apreciar a beleza da chuva, do vento e da neve, assim como apreciamos o sol, então seremos livres para viver a plenitude da vida.

*Eu aceito e aprecio todas as variedades
do meu "tempo" interior.*

3 de março

Você não pode mudar as suas emoções
com a força de vontade

O nível mental e o nível emocional são funções muito diferentes. No nível mental, você pode exercer certo grau de controle. Você pode mudar o foco dos seus pensamentos de certo modo por um determinado período de tempo, o que pode fazer uma grande diferença na sua vida. Mas você não pode mudar as suas emoções por meio da vontade. As emoções não têm nada a ver com a vontade. O que você pode fazer com elas é aceitá-las, vivenciá-las e expressá-las do modo apropriado. Essa é a chave para lidar com as emoções. Não há problema em mudar os pensamentos, mas não se pode dizer o mesmo quando se trata de emoções.

Estou aprendendo a sentir e
a expressar as minhas emoções.

4 de março

Você não pode se forçar
a se sentir de uma determinada maneira

O maior mal-entendido deste mundo com relação à alegria, ao amor e aos sentimentos "positivos" é pensar que você pode ficar alegre ou se sentir cheio de amor sempre que *tenta* ou *quer* ficar assim. As pessoas tentam fazer tais experiências. Elas não querem sentir tristeza ou medo; elas só querem se sentir felizes e amorosas.

Infelizmente, você não pode experimentar nenhum sentimento simplesmente tentando ou querendo provocá-lo. O amor e a alegria são os resultados naturais da atitude de dar vazão a todas as emoções plenamente, de curar as suas feridas emocionais e de aceitar e expressar todos os aspectos do seu ser.

O amor e a alegria são os resultados naturais da decisão
de aceitar todos os meus outros sentimentos.

5 de março

Sentimentos negativos não existem

Não existe essa coisa chamada de sentimento negativo. Os sentimentos que chamamos de negativos são aqueles que não nos permitimos vivenciar. Todos os sentimentos são simplesmente uma parte natural da vida. Eles têm uma função natural na nossa vida. Se concordarmos em senti-los quando eles aparecem, aprenderemos algo com essa experiência e eles logo se desvanecerão.

Se tentarmos evitar, reprimir ou negar um sentimento, ele vai persistir. Vai ficar extremamente forte e nos impedir de sentir qualquer outra coisa. Toda vez que tentamos não sentir uma emoção supostamente negativa, nós nos fechamos um pouco mais. Dessa maneira, acabamos negando também os sentimentos positivos.

Eu me permito experimentar
todos os meus sentimentos.

6 de março

Para sentir alegria, sinta a sua tristeza

Se você quer sentir mais alegria na vida, precisa estar disposto a sentir plenamente a tristeza quando ela brota no seu interior. Se você guardar a tristeza dentro de si, sentirá um peso no peito e as suas tentativas de ser feliz e apreciar a vida parecerão superficiais. Se você tem uma tristeza antiga que nunca se permitiu extravasar, procure mergulhar nesse sentimento. As lágrimas são como o rio da vida, banhando as feridas e levando embora a dor. Quando sentimos a tristeza, o nosso coração se abre, permitindo que amemos e sejamos amados. A alegria é um resultado inevitável quando o rio da vida flui livremente através do nosso ser.

Estou disposto a sentir
a minha tristeza e a minha alegria.

7 de março

Aceite o seu pesar

O pesar é a emoção que sentimos quando perdemos alguém ou alguma coisa que amamos. É fundamental dar vazão a essa dor quando sofremos uma perda na vida, seja ela de grandes ou pequenas proporções. Depois que tiver dado livre vazão ao pesar, você perceberá no coração um grande sentimento de paz. O pesar vem em ondas, por isso você talvez tenha que passar por esse ciclo muitas vezes. No caso de uma grande perda, como a morte de um ente querido ou o fim de um relacionamento amoroso, as ondas podem vir em intervalos cada vez menos frequentes ao longo dos anos. Se aceitar de modo integral esse processo de dor, você aos poucos conseguirá se libertar das velhas feridas e gradualmente se abrirá para as novas maravilhas que a vida lhe reserva.

Eu me permito sentir pesar pelas minhas perdas.
Aos poucos, no meu próprio ritmo, eu me liberto do passado
e dou as boas-vindas ao novo.

8 de março

Para sentir amor, você precisa sentir a sua raiva

Se quiser sentir mais amor, você precisa se dar a chance de sentir a sua raiva. Se você teme a raiva, encontre um bom terapeuta (que não tenha medo dela!), para ajudá-lo a encontrar maneiras seguras e construtivas de sentir e externar esse sentimento. A raiva sempre esconde o modo pelo qual você se machucou ou deu o seu poder aos outros. Quando você expõe e expressa essa ferida, a cura pode acontecer. Ao aprender a demonstrar as suas necessidades e sentimentos de maneira direta, você sentirá menos raiva. Com o tempo, você passa a sentir amor e compaixão pela pessoa que lhe despertava raiva.

Quando não é bloqueado nem reprimido pelas emoções, o nosso estado natural é o amor. O nosso espírito automaticamente sente amor. Quando aceitamos os nossos sentimentos e fazemos as pazes com eles, reconhecemos o ser nos outros e sentimos amor por eles.

Estou aprendendo a sentir e a expressar minha raiva
de modo apropriado e construtivo.

9 de março

Os sentimentos também são físicos

Toda vez que você não se dá a chance, ou não lhe dão a chance, de viver integralmente uma emoção, senti-la e superá-la, a energia dessa emoção fica parada e bloqueada no seu corpo. Ela persiste até que você volte atrás e a vivencie outra vez. Então o bloqueio energético se desfaz e o corpo fica livre e purificado. Praticamente todos os nossos males físicos provêm de bloqueios energéticos no nosso corpo, padrões energéticos que estão conectados aos nossos padrões emocionais.

Eu sinto e libero todas as energias
emocionais do meu corpo.

10 de março

Respeite o seu medo

uitas pessoas querem superar o medo ou se libertar dele, pois o veem como um empecilho para o que realmente querem: segurança, expansão e liberdade.

Mas como todas as outras coisas, o medo precisa ser respeitado e valorizado, pois faz parte da nossa experiência. Ele existe por uma razão e é uma parte necessária da vida. Ele não existe para que possamos nos libertar dele, mas para que possamos reconhecê-lo e resolvê-lo. Não precisamos temer o nosso medo! Alterando um pouco as palavras de Franklin Roosevelt, "Só devemos ter medo do medo do próprio medo".

Estou aprendendo a reconhecer e
a respeitar os meus próprios medos.

11 de março

O medo pode ser a reação mais apropriada

O medo e o amor são as emoções que correspondem aos dois princípios metafísicos da contração e da expansão. O medo é basicamente uma contração. É uma reação de afastamento ou de contração. E pode ser um sentimento muito oportuno. Quando você toca algo quente, o seu corpo se contrai para impedir que você se machuque. A função natural e apropriada do medo é fazer com que você de algum modo se contraia e encare a situação com cautela até entender ou ver o que está acontecendo ou qual é a melhor maneira de lidar com isso de modo seguro e correto.

Quais são os meus medos?
Será que alguns deles estão me dando um alerta importante?

12 de março

Temos muitos eus interiores

Quase todo mundo acha que devemos ter uma personalidade sólida e se pergunta por que ela às vezes é tão inconsistente. Num dia nos sentimos de um jeito e no outro dia nos sentimos de outro. Às vezes num minuto sentimos uma coisa e no minuto seguinte sentimos algo bem diferente.

Nós na verdade temos muitas pessoas dentro de nós, muitas personagens diferentes. Podemos chamar essas partes diferentes de subpersonalidades, ou eus, ou vozes interiores dentro das nossas personalidades. Para entender os nossos conflitos interiores e as inconsistências, precisamos conhecer esses eus interiores.

Estou descobrindo os
meus diversos eus interiores.

13 de março

O passo mais importante é a consciência

O processo de conscientização inclui conhecer os nossos variados eus interiores, equilibrá-los e integrá-los na nossa personalidade e na nossa vida. O passo mais difícil e importante é tomar consciência desses eus e reconhecê-los como vozes individuais. À medida que desenvolvemos essa consciência, paramos de nos deixar levar por qualquer dos eus que esteja no controle em dado momento. Passamos a ter uma escolha real e consciente na nossa vida.

Estou tomando consciência
das minhas vozes interiores.

14 de março

Cada eu tem a sua própria perspectiva

Cada uma das nossas subpersonalidades tem o seu próprio conjunto de necessidades e desejos, os seus pontos de vista e as suas opiniões. E muitas vezes elas são diametralmente opostas. Uma parte de nós pode achar, por exemplo, que a coisa mais importante a fazer é trabalhar com empenho e buscar o sucesso profissional. E se essa parte de nós estiver inconscientemente dirigindo o espetáculo, a única coisa que faremos na vida é trabalhar. Por outro lado, pode existir outro eu que só queira relaxar, ficar à toa por aí, se divertir e aproveitar a vida. Ambas as vozes são importantes e as duas têm o seu valor na nossa vida. A nossa tarefa é encontrar um equilíbrio entre as duas.

Eu estou encontrando um equilíbrio
entre as minhas partes contraditórias.

15 de março

Os eus principais e os eus rejeitados

Nós acabamos nos identificando muito com certas subpersonalidades, que são aquelas que inconscientemente deixamos que comandem a nossa vida e tomem decisões por nós. Essas subpersonalidades são chamadas de eus principais. As subpersonalidades opostas são muitas vezes reprimidas ou nem chegam a se desenvolver completamente. Estas são chamadas de eus rejeitados.

Por exemplo, os seus eus principais podem ser organizados e ordeiros, e gostar de fazer planos; os seus eus reprimidos podem ser criativos, caóticos e espontâneos (ou vice-versa). Talvez os seus eus principais sejam descontraídos e relaxados e você esteja reprimindo o seu lado agressivo e determinado. Os seus eus principais podem ser sérios e responsáveis e as suas energias reprimidas, divertidas e despreocupadas.

Quais são os meus eus principais?
Quais são os meus eus reprimidos?

16 de março

Equilíbrio

À medida que ficar mais consciente dos seus eus principais, você deixará de se identificar inconscientemente com eles. Você notará que começa a se abrir mais para os seus eus reprimidos. Outros lados seus começarão a vir à tona, reivindicando mais espaço na sua vida.

Você viverá de modo mais equilibrado todos os aspectos da sua vida ao permitir que esse processo aconteça naturalmente.

Todos os aspectos da minha vida
estão ficando mais equilibrados.

17 de março

Respeite todos os seus eus

Cada pessoa dentro de nós, os nossos vários eus, é uma parte essencial de todos nós. É importante conhecer e respeitar todos eles. Cada um deles é um aspecto da nossa personalidade que precisamos aprender a conhecer, respeitar, explorar e apreciar. Quando damos a nós mesmos a liberdade de conhecer e expressar *todas* as subpersonalidades dentro de nós, podemos viver em equilíbrio em vez de nos identificar apenas com um lado de uma polaridade. O ideal é que estejamos dispostos a explorar ambos os lados de todas as polaridades e depois sejamos capazes de escolher os momentos apropriados para que os diferentes eus venham à tona.

*Estou aprendendo a respeitar e apreciar
todos os meus eus à medida que os exploro e os conheço.*

18 de março

Toda voz é importante

Pode não ser fácil, para nós, aceitar alguns dos nossos eus interiores logo de cara. Por exemplo, podemos ficar aborrecidos ao descobrir que há uma voz irada dentro de nós. Pelo fato de ter sido reprimida e ignorada durante toda a nossa vida, ela ficou até mais raivosa ainda. Ela nunca foi ouvida e jamais teve a chance de expressar seus sentimentos. Podemos começar a encontrar maneiras seguras, confortáveis e apropriadas de sentir e extravasar essa raiva. Embaixo dela, encontraremos um eu assertivo, que está tentando tomar conta de nós nos defendendo, estabelecendo limites e pedindo o que precisamos. Essa é uma voz importante que precisa fazer parte da nossa vida.

Eu aceito todas as minhas vozes interiores.

19 de março

Todo eu oferece uma dádiva

Todos os nossos traços de personalidade têm um lugar na nossa vida e cada um deles tem uma dádiva a nos oferecer. Não existe nenhuma parte de nós que seja essencialmente ruim. Se você se identificar com uma subpersonalidade que tenha satisfação em se doar aos outros, pode ter reprimido o seu eu egoísta, porque acha que essa parte sua é ruim. Contudo, sem ela você pode se tornar um mártir, que só se sacrifica pelos outros, ou alguém que cuida dos outros, mas nunca de si mesmo. Você não se torna uma pessoa egoísta só porque está consciente de que existe um lado seu que se preocupa com as próprias necessidades. É muito bom que você se responsabilize por satisfazer as suas necessidades, pois isso fará de você uma pessoa com mais equilíbrio. Nós precisamos conhecer, aceitar e amar todos os aspectos de nós mesmos, para que possamos usar e apreciar cada dádiva.

Estou aprendendo a reconhecer a dádiva
que todo eu tem a me oferecer.

20 de março

Pense nos seus eus como uma família

Depois de conhecer todos os seus eus, você pode pensar neles como uma família interior. Como na maioria das famílias, existem alguns conflitos e também existe muito amor. Deixe que todos os integrantes da sua família interior representem o seu papel, expressem-se e sejam respeitados como familiares, para que a família possa enfim viver em harmonia.

*Eu aprecio e respeito cada integrante
da minha "família" interior.*

21 de março

Pense nos seus eus como um comitê

Outra metáfora interessante para os seus eus interiores é pensar neles como num comitê. Quando você pensa em si mesmo como um comitê, isso pode deixar mais claro por que você sente tanta dificuldade para tomar uma decisão ou terminar uma tarefa. Todos sabemos o que acontece quando uma decisão é tomada por um comitê. Uma pessoa quer uma coisa, outra quer outra diferente e com muita frequência elas não conseguem chegar a um acordo. Se você se dispuser a conhecer cada integrante do seu comitê interior e deixar que eles se expressem com clareza, então *você*, como uma pessoa consciente, poderá começar a tomar as decisões, em vez de deixar que cada parte de você assuma o controle e tome decisões sozinho.

Eu deixo que cada integrante do meu comitê seja ouvido;
depois tomo a decisão.

22 de março

O protetor-controlador

Muitas das nossas subpersonalidades são mecanismos de defesa que desenvolvemos para nos ajudar a sobreviver neste mundo. Por exemplo, o nosso protetor-controlador é uma voz conservadora que tenta nos proteger assegurando-se de que vamos seguir as regras e nos comportar de maneira apropriada, de um modo que não ameace a nossa segurança. Essa é a parte de nós que resiste ao crescimento e à mudança, pois ela se sente mais segura fazendo coisas do jeito que sempre fez. Ela precisa ser gentilmente assegurada de que as mudanças que estamos fazendo não são imprudentes ou perigosas.

Crescer e mudar
é seguro para mim.

23 de março

O lado que quer agradar

Todos temos, em nossa psique, um lado que quer agradar e sempre ter certeza de que estamos nos comportando de um jeito que leve todo mundo a gostar de nós, nos aprove e nunca se aborreça conosco. Esse lado nosso é especialista em descobrir o que os outros querem e em tentar dar isso a eles. Ele fará tudo o que estiver ao seu alcance para ter amor e aprovação. Infelizmente, ele também nos impede de expressar os nossos verdadeiros sentimentos e pensamentos, caso suspeite de que alguém importante pode se aborrecer ou discordar deles. Quanto mais você busca o amor e a aprovação dos outros, mais ansioso esse lado seu ficará para descobrir o que eles pensam.

Eu amo e aprovo
a mim mesmo.

24 de março

O perfeccionista

Muitos de nós acham que a perfeição é algo que podem atingir um dia. Acreditamos nisso porque temos uma forte voz interior chamada de perfeccionista. A tarefa do perfeccionista é estabelecer parâmetros elevadíssimos para tudo o que se refere a nós: a nossa aparência, o nosso comportamento, o nosso trabalho e tudo o mais que se relacione à nossa vida. A nossa voz perfeccionista pode nos apontar uma direção positiva, mas pode impor expectativas tão altas que é impossível atingi-las. Podemos admirar o nosso perfeccionista interior pelo seu empenho para fazer tudo com perfeição, mas precisamos parar de querer conseguir o impossível!

Eu não preciso tentar ser perfeito.
Eu me aceito como sou.

25 de março

O perfeccionista busca amor

O perfeccionista interior surgiu quando éramos crianças. Temos esperança de que, preenchendo algumas expectativas muito altas, em troca vamos receber o amor, a admiração e a aprovação que não tínhamos na infância. Precisamos perceber quais são os objetivos desse perfeccionista que nos esforçamos tanto para agradar. Depois podemos escolher objetivos e padrões que sejam mais realistas e apropriados, e aprender a nos amar pelo que somos.

Eu me amo do jeito que sou.
Estabeleço para mim objetivos que sejam realistas e viáveis.

26 de março

O propulsor

O nosso propulsor íntimo nos impele a realizar o máximo que podemos. Ele adora fazer lista de tarefas e acha que a coisa mais importante da vida é cumprir todas elas. Como o perfeccionista, ele não se dá conta de que está pedindo o impossível. Não tem ideia de que existem muitas outras coisas que podem ser importantes na vida, como a descontração ou a intimidade. O propulsor é muito reforçado pela nossa ênfase cultural na produtividade e na realização de tarefas.

Quando tomamos consciência dessa nossa voz interior e conseguimos nos distanciar um pouco dela, podemos provocar uma mudança radical na nossa vida.

Estou deixando de me pressionar.
Posso atingir os meus objetivos na vida com total descontração.

27 de março

O crítico interior

O crítico interior é a voz que nos mantém constantemente informados do que estamos fazendo de errado; de como fracassamos; dos erros que cometemos, dos que estamos cometendo no momento e que provavelmente cometeremos no futuro; de como a nossa aparência está péssima e de como em geral somos inadequados! Muitas pessoas deixam inconscientemente que esse crítico (ou uma combinação do perfeccionista, do propulsor e do crítico) mande na vida delas. É um grande alívio quando começamos a tomar consciência dessa voz interior, nos distanciamos um pouco dela e percebemos que a maioria das coisas que ela diz não é necessariamente verdade.

Não há nada
de errado comigo!

28 de março

O crítico interior tenta proteger você

A função do crítico interior é nos proteger de comportamentos que poderão provocar críticas, ataques, castigos, rejeição ou o abandono de outras pessoas. O crítico surgiu na nossa infância, à medida que éramos criticados. Qualquer crítica que os nossos pais, professores, irmãos, colegas etc. fizeram foram incorporadas ao nosso crítico interior. Na idade adulta, não é mais apropriado ou necessário que esse crítico interior nos controle. Um crítico interior ferino, que vive nos dizendo o que está errado conosco e o quanto somos inadequados, só serve para perpetuar a nossa baixa autoestima e falta de autoconfiança.

É hora de tomar consciência do seu crítico para que ele não mande mais na sua vida sem que você perceba. Leva algum tempo até que você elimine esse crítico interior, mas isso pode ser feito, e fará uma incrível diferença na sua vida!

Estou tomando consciência
do meu crítico interior.

29 de março

Assuma o controle do seu crítico interior

Eliminar o crítico interior é um desafio. Não adianta nada tentar calar-lhe a boca; isso só o deixará mais forte. A chave é a consciência. O primeiro passo é reconhecer-lhe a voz, começar a reparar no que ele lhe diz e perceber em que momento da sua infância ele começou a se manifestar. Quando você reconhecer que ele é apenas uma voz e não a verdade absoluta, vai começar a ficar mais consciente. Então você pode se perguntar, "Isso é verdade? Eu preciso acreditar nisso? Tenho que deixar que isso me detenha ou continue a dirigir a minha vida?"

Sob a negatividade, o crítico muitas vezes tem um pouco de razão ou fala algo que faz sentido. Deixe que ele saiba que você leva em consideração os seus pontos de vista e que tentará incorporá-los à sua vida, mas que não vai mais se deixar levar pelo criticismo.

Estou assumindo o controle
do meu crítico interior.

30 de março

O crítico interior saudável

A função básica do crítico interior é nos dar discernimento: o que é apropriado e o que não é; o que funciona e o que não funciona. Precisamos ter essa perspectiva. Para viver em sociedade, precisamos compreender que tipo de resultado o nosso comportamento provocará e fazer as escolhas apropriadas. Um crítico interior saudável e funcional nos dirá coisas como, "Você fica melhor neste vestido do que no outro" ou "A palestra que você deu ontem ficaria melhor se você fizesse o seguinte...". Em outras palavras, é essa parte da nossa mente que nos mostra maneiras de melhorarmos, mas ela não tem necessariamente de julgar com severidade tudo o que fazemos. Ela é a nossa capacidade de aprender com o que fazemos e fazer distinções úteis entre os nossos comportamentos.

Estou aprendendo a ter discernimento
em vez de criticar.

31 de março

Cultive uma voz positiva

Ao se dar conta do seu crítico interior, comece a cultivar uma voz que faz justamente o contrário dele. Essa voz não precisa dar um jeito para se livrar do crítico. Ela pode simplesmente ajudar a contrabalançar a voz do crítico dando a você apoio e estímulo. Pode ser uma voz maternal ou paternal positiva que diga, "Ei, você está se saindo muito bem! Olhe quanto progresso já fez. Você é uma pessoa formidável e de muito valor". Fazer afirmações é uma das maneiras de cultivar uma voz interior positiva que combata as mensagens negativas que o seu crítico lhe faz. As afirmações podem ser muito poderosas, especialmente se forem usadas com regularidade.

*Estou aprendendo a dar apoio
e estímulo a mim mesmo.*

Outono

1º de abril

Leve a diversão a sério!

Se você é uma pessoa completamente hedonista, que só busca o prazer, a sua vida vai acabar perdendo o sentido. Por outro lado, se você levar a vida muito a sério e se privar de prazer e divertimento, acabará se sentindo vazio. A chave é o equilíbrio entre diversão e seriedade.

Quando você de dedica com seriedade ao caminho da consciência, pode ser difícil se lembrar de se divertir. Então leve a diversão a sério! Faça com que ela se torne importante! Pense nela como uma daquelas coisas essenciais que você precisa ter na sua vida regularmente. Pense nas coisas que são divertidas para você. Do que você mais gosta? O que o faz rir? O que faz você se sentir bem? Faça pelo menos uma coisa divertida todos os dias.

Hoje e todos os dias eu faço
pelo menos uma coisa só para me divertir.

2 de abril

A criança interior

A criança interior é uma das partes de nós mesmos que é mais importante conhecer. Essa criança vive dentro de cada um de nós, sempre. Na verdade, temos as energias de muitas crianças interiores dentro de nós. Temos uma criança para cada idade que tivemos, desde a infância até a adolescência. E a nossa criança interior tem muitos aspectos. A criança carrega a nossa sensibilidade, os nossos sentimentos, a nossa criatividade e muitas outras qualidades importantes.

*Estou aprendendo a conhecer a minha criança interior
em todos os seus diversos aspectos.*

3 de abril

A criança interior está enterrada

A essência espiritual é infundida na forma humana e nasce como uma criança. Como a criança é extremamente sensível e vulnerável, e o mundo não é um lugar muito seguro ou confortável para ela, a criança imediatamente começa a desenvolver mecanismos de defesa e sobrevivência, comportamentos que a protegem e atendem às suas necessidades. Esses mecanismos tornam-se diferentes eus, ou subpersonalidades, e juntos formam a estrutura da personalidade. Por fim, a criança e a essência espiritual dentro dela ficam enterradas sob a estrutura da personalidade complexa e rígida que está tentando protegê-la. Nós, portanto, inconscientemente colocamos em prática nossos mecanismos de defesa e sobrevivência e nos esquecemos de que a razão que nos levou a desenvolvê-los foi a vontade de cuidar da nossa criança e atender às suas necessidades.

Eu reconheço a criança enterrada
dentro de mim.

4 de abril

A criança vulnerável

A criança vulnerável é o núcleo emocional do nosso ser. Ela carrega todos os nossos sentimentos mais profundos e é extremamente sensível, amorosa, magoada ou assustada. Ela vive no fundo do nosso ser e, estejamos conscientes ou não, está reagindo constantemente a tudo o que acontece conosco dependendo de como se sente: segura e amada ou ameaçada, rejeitada ou abandonada. Ela precisa de uma grande dose de amor, incentivo e conforto. A nossa criança vulnerável muitas vezes se sente ferida pelas várias experiências da vida e precisa de atenção especial e tratamento.

Eu amo a minha criança vulnerável
e estou cuidando bem dela.

5 de abril

A criança brincalhona

A criança brincalhona é uma parte de nós que sabe como se divertir. Ela adora brincar e rir e está sempre procurando maneiras de se alegrar. Alguns adultos conseguiram preservar o contato com a sua criança brincalhona; eles sabem como se divertir. Mas a maioria de nós, à medida que crescia e se aproximava da idade adulta, reprimiu essa criança. Sem ela, a vida fica vazia e sem graça. Precisamos nos reconectar com a nossa criança interior natural e brincalhona, que deixa a nossa vida muito mais alegre e vibrante.

*Eu adoro brincar
e me divertir.*

6 de abril

A criança mágica

Também temos uma criança mágica dentro de nós. Essa é a parte de nós que entra naturalmente em sintonia com as energias invisíveis do universo. Ela adora estar em meio à natureza, onde pode se comunicar com o espírito das plantas e dos animais e talvez dos elfos e das fadas. A criança mágica adora sonhar acordada, imaginar e fantasiar. Ela gosta de utensílios especiais como varinhas mágicas e cristais. Quando ficamos adultos, reprimimos essa criança porque temos medo de que isso seja tolo e ridículo. Voltar a entrar em contato com a criança mágica pode ser uma experiência incrível. Ela devolve o assombro e o encantamento à nossa vida, pois a vida *é* mágica.

Eu sinto o encantamento
e a magia da vida.

7 de abril

A criança sábia

Outro aspecto da nossa criança interior é a criança sábia. Ela é a parte confiável de nós mesmos, que vê e sabe o que estamos sentindo e aquilo que os outros estão sentindo. Ela tem o poder de acabar com a desonestidade superficial que existe na sociedade adulta e sempre vai direto ao verdadeiro núcleo das situações. Essa criança geralmente está enterrada dentro de nós, porque fomos ensinados a acreditar na negação à nossa volta. Se conseguirmos reivindicar essa parte de nós, podemos nos conectar a uma fonte poderosíssima de sabedoria.

Estou aprendendo a confiar
na minha sábia criança interior.

8 de abril

*Faça com que a sua criança interior se sinta segura
para vir à tona*

Para deixar que a sua criança interior venha à tona, você precisa primeiro lidar com as vozes dentro de você que não gostam dela ou que a temem; as partes de você que não querem que ela venha à tona. Respeite essas partes suas. Elas são os seus eus principais, que comandaram a sua vida até agora. E merecem muito respeito porque trouxeram você até o ponto em que está. Fizeram-no a pessoa bem-sucedida que você é. Deram-lhe segurança e o ajudaram a sobreviver. Reconheça a razão por que existem. Essas partes suas se sentem pouco à vontade diante da sua criança interior, pois não é seguro ser vulnerável neste mundo.

Em vez de brigar com essas suas partes e considerá-las erradas, respeite-as e seja grato a elas.

*Eu respeito as partes de mim
que ocultaram a minha criança interior.*

9 de abril

Os nossos eus principais temem as emoções

Os nossos eus principais, racionais e autoritários aprenderam a proteger a criança que existe em nós mantendo-a afastada de tudo que pode ser traumático ou emocionante demais. A ideia que eles têm de como cuidar da criança interior consiste em enterrá-la nos subterrâneos do nosso ser e manter todos os sentimentos reprimidos. Eles se preocupam bastante com a possibilidade de lidar com sentimentos porque as emoções fazem com que sintam que perderam o controle. A filosofia cultivada por esses eus é continuar fazendo o que até agora funcionou. Por que correr o risco de mudar quando eles sobreviveram até agora? Não chacoalhe o barco, porque qualquer tipo de mudança pode ser um desastre em potencial.

É verdade que essas partes de nós nos ajudaram a sobreviver. Mas elas também nos distanciaram das nossas necessidades e emoções, naturais dos seres humanos. Precisamos reconhecer os seus medos e preocupações, e assegurar-lhes gentilmente que agora não há perigo nenhum em começar a explorar e a expressar os nossos sentimentos.

É seguro sentir e expressar as minhas emoções.

10 de abril

Cultive o seu adulto consciente

Quando cultiva o seu eu adulto consciente, você começa a assumir a responsabilidade pela tarefa que os seus eus principais têm cumprido. Os eus primários protegem inconscientemente a criança interior, e cuidam dela como se fossem os seus pais, da maneira como sabem. Ao tomar consciência desse processo e fazer escolhas conscientes para cuidar da sua criança interior, você alivia o fardo dos eus primários e eles podem abrir mão dessa responsabilidade e relaxar um pouco.

Estou me tornando um adulto consciente
que cuida da sua criança interior.

11 de abril

Tranquilize o seu protetor interno

Agora, na condição de um adulto consciente, você pode se dirigir a essa sua parte que diz, "Nunca seja vulnerável!" Você pode dizer, "Posso ver por que, até hoje, não foi uma boa ideia parecer vulnerável, pois seria muito perigoso e assustador. Não se preocupe, eu não serei vulnerável de um modo realmente tolo, pouco inteligente ou que possa me ferir. Vou fazer algumas escolhas conscientes agora. De tempos em tempos, posso ser vulnerável em situações que incluam alguém que realmente se importa comigo. Vou começar a externar essa vulnerabilidade, mas não vou fazer isso indiscriminadamente".

Tranquilize regularmente a sua parte protetora que se preocupa com o fato de você estar começando a se abrir.

É seguro para mim
ser vulnerável nas ocasiões certas.

12 de abril

Precisamos atender às necessidades da criança interior da maneira apropriada

A criança interior nunca vai embora. Nunca cresce. Nunca morre. Ela está sempre conosco, ao longo de toda a nossa vida.

Se não estamos cônscios das necessidades da nossa criança, ficamos o tempo todo tentando satisfazê-las sem ter noção disso. A criança dentro de nós inconscientemente motiva todos os nossos comportamentos. Podemos, por exemplo, desenvolver uma subpersonalidade que seja maníaca por trabalho porque está tentando ganhar dinheiro suficiente para que a criança se sinta segura e protegida. Mas acabamos nos esquecendo da criança e passando a vida inteira mergulhados em trabalho. Podemos acumular muito dinheiro ou sucesso, mas nada disso nos dará a satisfação de que precisamos, pois teremos nos esquecido da criança que originalmente nos motivou a trabalhar.

Estou aprendendo a reconhecer as necessidades da minha criança interior e a preenchê-las.

13 de abril

A criança interior não precisa de fortuna

Muitas pessoas vivem em busca de dinheiro por causa de uma necessidade inconsciente de proteger a criança interior. A criança em nós de fato precisa se sentir segura do ponto de vista financeiro, mas só num nível muito básico. A criança precisa saber que terá um lar seguro e confortável, comida suficiente, conforto, roupas bonitas para usar e a oportunidade de aprender, crescer e criar. Isso é tudo de que a criança precisa em termos de segurança financeira. Além disso, a criança precisa de amor, de companheirismo, de limites apropriados, de apoio emocional, de liberdade de expressão e de diversão.

Eu dou à minha criança interior
o que ela realmente precisa.

14 de abril

Dinheiro não é garantia de segurança

Muitas pessoas acham que dinheiro é sinônimo de segurança. A maioria de nós é até certo ponto motivada pelo medo de ficar sem dinheiro. Sentimos que o dinheiro pode, de algum modo, nos dar segurança. Se temos pouco ou muito dinheiro, não importa. Achamos que, se tivéssemos mais, nós nos sentiríamos mais seguros. Mas, no fundo, estamos basicamente tentando cuidar da nossa criança interior. O dinheiro é um jeito de tentar fazer com que essa criança se sinta segura, quando não estamos em contato com as suas reais necessidades. Mas o dinheiro não é necessariamente o que a criança quer. Precisamos entrar em contato com a criança, encontrar um modo de descobrir do que ela realmente precisa e dar isso a ela.

O que a minha criança
interior realmente quer?

15 de abril

A criança interior pode bloquear o sucesso

Às vezes a criança interior sabotará as nossas tentativas de sermos bem-sucedidos ou de fazermos algo que achamos necessário, pois secretamente ela sabe que as suas necessidades não serão satisfeitas pelo que nos esforçamos para fazer. Em muitos casos, quando a pessoa sente um bloqueio que a impede de ter sucesso na vida, esse bloqueio é criado pela criança interior, cujas necessidades não estão sendo satisfeitas. A criança pode impedi-lo de ser bem-sucedido profissionalmente, até que você comece a cuidar dela, a dar-lhe mais amor, a reservar um tempo para brincar com ela ou lhe dar o que quer que ela precise.

*Estou dando à minha criança interior o amor
e a atenção de que ela precisa.*

16 de abril

Aprenda a cuidar da sua criança interior

O nosso desafio é entrar em contato com a nossa criança interior, descobrir as suas necessidades e começar a cuidar dela conscientemente. A criança precisa de amor, segurança, contato físico e emocional, alegria e liberdade de se expressar de maneira sincera e criativa. Ao começarmos a descobrir maneiras de fazer tais coisas, descobrimos que toda a nossa personalidade começa a se alinhar e nos tornamos saudáveis e equilibrados.

Estou aprendendo a entrar em contato com
a minha criança interior e a lhe perguntar de que ela precisa.

17 de abril

Aprenda a cuidar de si mesmo

Como muitos de nós não receberam cuidados adequados na infância, não aprendemos a cuidar da nossa criança interior de maneira eficiente. Essa criança se sente mal-amada, desamparada, assustada e carente. Inconscientemente, podemos tentar suprir tudo isso comendo muito, ingerindo bebidas alcoólicas, consumindo drogas, trabalhando demais ou demonstrando outros comportamentos autodestrutivos.

Para cuidar bem de nós mesmos, precisamos desenvolver a capacidade de orientar essa criança como pais sábios e conscientes, descobrindo as suas verdadeiras necessidades e aprendendo a atendê-las de um modo que realmente a beneficie.

Estou aprendendo a ser um bom pai
(uma boa mãe) para mim mesmo(a).

18 de abril

Desenvolva os seus pais interiores

Para cuidar bem da nossa criança interior neste mundo, precisamos desenvolver duas funções: a capacidade de ser um "pai" e de ser uma "mãe" para nós mesmos.

A mãe interior é o aspecto maternal, a capacidade de demonstrar amor, carinho, compaixão e compreensão. Nós somos uma boa mãe para nós mesmos ao sermos sensíveis às nossas necessidades mais profundas e ao aprendermos a satisfazê-las.

O pai interior é o aspecto provedor e protetor, a capacidade de cuidar de nós mesmos com relação ao mundo exterior. Precisamos de orientação paternal para nos comunicar com clareza, estabelecer limites e apoiar os nossos sentimentos mais profundos com ações.

Sou uma boa mãe e
um bom pai para mim mesmo.

19 de abril

Entre em contato com a criança interior

Para entrar em contato com a criança dentro de você, é importante criar o ambiente mais positivo possível para que a criança se sinta segura e à vontade. Encontre um lugar que pareça muito confortável e privativo. Se quiser, você pode levar para lá um cobertor, um bicho de pelúcia ou outra coisa que faça com que a sua criança se sinta bem-vinda.

Feche os olhos, relaxe e imagine que está num ambiente natural seguro e de extrema beleza. Imagine uma criancinha ali, a criança que você um dia foi. Você pode ver uma imagem dessa criança ou simplesmente senti-la. Deixe que essa criança saiba que você se importa com ela. Pergunte do que ela precisa e o que quer de você, como adulto. A comunicação com a criança pode ser com ou sem palavras. Faça com que a criança saiba que você quer manter contato regularmente com ela, para começar um relacionamento consciente.

Estou iniciando um contato regular
com a minha criança interior.

20 de abril

Aceite os sentimentos da sua criança interior

Ao entrar em contato pela primeira vez com a sua criança interior, você pode achar esse fato muito tocante. Ela pode estar magoada, triste ou muito brava e ressentida. Às vezes é difícil aceitar que a sua criança esteja tão aborrecida. Lembre-se de que ela está sofrendo porque foi ferida. Também pode estar magoada porque você a abandonou e a ignorou durante toda a sua vida! Aceite os sentimentos dela e lhe dê muito amor e compreensão. Isso é tudo de que ela precisa.

*Eu aceito os sentimentos
da minha criança interior.*

21 de abril

Seja paciente e perseverante

À s vezes, nada parece acontecer quando você faz o primeiro contato com a sua criança interior. Esteja preparado para ter paciência. Às vezes ela ainda não está pronta para confiar em você. Ela pode se retrair antes de saber que você realmente quer fazer contato e está disposto a ser responsável e persistente ao se comunicar com ela.

Caso encontre dificuldade para entrar em contato com ela por meio da meditação, desista desse método e encontre outras maneiras de incluir a criança interior na sua vida.

Eu sou paciente e perseverante
com a minha criança interior.

22 de abril

Diversas maneiras de entrar em contato com a criança interior

Existem muitas maneiras de entrar em contato com a criança que existe dentro de nós. Podemos fazer isso brincando, dançando, cantando, desenhando ou pintando com ela. Ficar ao ar livre, num ambiente natural de grande beleza, é uma das maneiras de dar espaço para a criança emergir. Às vezes ela se manifesta na presença de animais, pois a maioria das crianças gosta de animais e está em sintonia com eles. Experimente uma dessas coisas para descobrir qual o melhor jeito de desfrutar da companhia da sua criança interior.

Estou descobrindo muitas maneiras de ficar com a minha criança interior.

23 de abril

Para se reconectar com a sua criança interior, busque a companhia de crianças de verdade

Um bom jeito de começar a entrar em contato com a sua criança interior ou tomar consciência dela é buscar a companhia de crianças de verdade. As crianças refletem a criança que existe dentro de você. Quando fitamos os olhos de uma criancinha, muitas vezes sentimos uma profunda conexão. Ou, quando vemos uma criança brincando, sentimos o nosso lado brincalhão vindo à tona. Também pode acontecer de uma criança nos dizer algo de tamanha sabedoria que nos sintamos extremamente comovidos. A impressão que temos é que essa criança sabe muito mais do que nós. Esse é um reflexo da sabedoria da nossa criança interior.

O contato com crianças de verdade faz com que eu restabeleça o contato com a minha criança interior.

24 de abril

O que a sua criança interior gosta de fazer?

O que você gostava de fazer quando era criança? Ficar em casa? Estar na companhia de outras pessoas? Ficar sozinho? Brincar com jogos? Brincar num balanço? Fazer guerra de travesseiros? Ler livros? Ir ao cinema? Deixe que a sua criança interior venha à tona e brinque. Faça as coisas que você gostava de fazer quando criança e que já não faz há um bom tempo. Ou faça algo que sempre quis fazer, mas não tinha permissão ou oportunidade quando criança.

Todo dia eu faço pelo menos uma coisa que eu adorava
ou queria muito fazer quando criança.

25 de abril

Reserve um tempo para a sua criança interior

Comece a pensar em coisas que sejam divertidas aos olhos da sua criança interior ou que a agradem e comece a incluí-las na sua vida regularmente. Todo dia ou pelo menos a cada dois dias, reserve algum tempo, mesmo que somente alguns minutos pela manhã ou à noite, para descobrir o que a sua criança gosta de fazer. É claro que as coisas mais importantes para ela são o amor e a intimidade, por isso a sua criança vai orientá-lo para estabelecer mais contato, proximidade, amizade e laços de amor com outras pessoas. Mas também é importante incluir coisas que sejam divertidas para a criança, como tomar um banho numa banheira cheia de espuma ou andar de bicicleta — coisas que realmente nutram e beneficiem a sua criança interior.

Estou reservando um tempo todos os dias para descobrir
o que a minha criança interior gosta de fazer.

26 de abril

A criança interior lhe dirá o que ela quer

Se você não sabe ao certo quais são as necessidades da sua criança interior ou qual é a melhor maneira de cuidar dela, simplesmente pergunte. A criança conhece os seus próprios sentimentos, necessidades e desejos. Então cultive o hábito de se comunicar com a criança, perguntando o que ela quer e do que precisa. Depois faça o possível para satisfazer as necessidades dela. Nem sempre você pode fazer o que ela quer na hora em que ela quer, mas deve incluir as necessidades dela na sua vida, assim como faria com uma criança de verdade. Na medida do possível, faça dessas necessidades uma prioridade e você descobrirá como isso é gratificante.

Eu presto atenção às necessidades da minha criança interior
e faço o melhor que posso para satisfazê-las.

27 de abril

Compre um brinquedo para a sua criança interior

Leve a sua criança interior a uma loja e deixe que ela escolha um brinquedo. O seu eu adulto é quem determina o quanto pode gastar (não precisa ser muito), mas a criança deve ter liberdade para escolher o que ela quer dentro desse orçamento. Às vezes a criança pode querer algo que o seu eu adulto acha tolo ou sem graça. Não deixe que os seus julgamentos interfiram na escolha dela. Ao dar à criança o que ela quer, você está lhe dizendo que se importa com os sentimentos dela e que ela é importante na sua vida. Assim ela se sentirá segura para vir à tona. E depois disso você poderá conhecê-la melhor.

Hoje comprarei um brinquedo para a minha criança interior;
algo de que ela realmente goste.

28 de abril

Proteja a sua criança interior quando for apropriado

É importante saber quando não é conveniente deixar que a sua criança interior venha à tona. Uma reunião de negócios, por exemplo, geralmente não é a melhor ocasião para que isso aconteça. Você pode deixar que ela fique em casa brincando, dizendo-lhe que irá trabalhar e que voltará para casa mais tarde. Assegure-lhe que você reservará um tempo para brincar com ela quando chegar em casa.

Embora a princípio você possa se sentir meio tolo, a escolha consciente de tomar conta da sua criança interior trará muito mais equilíbrio, harmonia, alegria e satisfação à sua vida.

Eu protejo a minha criança interior e deixo que ela venha à tona quando sei que é seguro.

29 de abril

A criança interior está mais próxima da nossa essência espiritual

A criança dentro de nós é um dos aspectos mais vitais para entrarmos em contato, pois ela está mais próxima da nossa essência espiritual. Viemos a este mundo como seres espirituais nascendo num corpo físico como crianças. Quando a criança nasce, ela é quase pura essência espiritual, pois a essa altura ela ainda não tem nenhum contato ou experiência com o mundo à sua volta. É por isso que ficamos tão comovidos quando vemos uma criancinha bem pequena: vemos o reflexo da nossa própria essência espiritual, profunda, bela e inocente, quando ela ainda não estava enterrada ou escondida dentro de nós.

Quando estou em contato com a minha criança interior, eu me abro para a minha essência espiritual.

30 de abril

A criança interior nos conecta com a nossa alma

É muito importante redescobrir a criança dentro de nós e deixar que ela se expresse. Ao descobrirmos os verdadeiros sentimentos e necessidades dessa criança e começarmos a nutri-la e a cuidar dela de maneira consciente e eficaz, percebemos que a maioria dos nossos sistemas de defesa rígidos e antigos não é mais necessária e podemos começar a relaxar e abrir mão deles. A criança recupera a vida e nos traz profundidade emocional e autenticidade, espontaneidade, inocência e alegria. Por meio da criança nós nos ligamos novamente com a nossa alma, a essência do nosso ser. Assim voltamos a estabelecer contato com o espírito universal, com a unidade de toda a vida.

Por meio da minha criança interior,
eu entro em contato com a minha alma.

1º de maio

A Terra é a nossa mãe

Como nossa mãe, a Terra é a nossa melhor professora. Se prestarmos atenção, podemos aprender com ela tudo o que precisamos saber para vivermos no plano físico. Todos os dias, de todas as maneiras, ela nos demonstra os seus ciclos e ritmos naturais, todas as leis naturais da vida.

Estou consciente dos ritmos da vida dentro de mim
e em tudo à minha volta.

2 de maio

Viva de acordo com o ritmo da Terra

As pressões da vida moderna tendem a nos afastar dos ciclos e ritmos naturais da Terra. Levantamo-nos quando o despertador toca; vamos para a cama depois do noticiário das onze horas. A vida é estruturada de acordo com o que *achamos* que precisamos fazer, não de acordo com um ritmo natural. No entanto, nós somos parte da Terra. Precisamos reconhecer esse fato, respeitar os ritmos da Terra e viver de acordo com eles.

Eu sou parte da Terra e
a Terra é uma parte de mim.

3 de maio

Os ritmos da Terra nos afetam

Não somos máquinas que podem ter o mesmo desempenho todos os dias. Os nossos estados emocionais e mentais nos dias ensolarados de verão são diferentes daqueles dos dias nublados de inverno. E existe uma centena de mudanças sutis diárias que nos afetam. Se reconhecermos e aceitarmos essas diferenças todos os dias, seguiremos com mais facilidade o fluxo da vida.

Estou reparando em como
as condições do planeta me afetam.

4 de maio

Saia ao ar livre

Para perceber melhor a sua conexão com a Terra, é essencial que você saia ao ar livre todos os dias, nem que seja por alguns minutos apenas. É só estabelecendo esse contato com a Terra todos os dias que podemos nos dar conta das mudanças sutis pelas quais passamos ao longo das estações. Evidentemente, se você mora numa cidade, isso é um pouco mais difícil, mas quase todo mundo pode sair ao ar livre, contemplar o céu e sentir o ar e o calor do sol.

Todos os dias, eu passo algum tempo ao ar livre, fazendo contato com a Terra e comigo mesmo.

5 de maio

Encontre um lugar especial

Encontre um lugar da natureza que você goste muito e que o faça entrar em contato com a Terra. Ele deve ser um local de fácil acesso para você. Se você mora numa cidade e não tem condições de sair muito ao ar livre, encontre um lugar onde possa pelo menos ver o céu e sentir o calor do sol. Passe algum tempo nesse espaço especial com a maior frequência possível, de preferência todos os dias. Explore-o, procure conhecer cada palmo desse local. Descubra um lugar confortável ali para relaxar e meditar. Imagine que está entrando em sintonia com o espírito desse lugar. Pergunte se ele tem alguma coisa a lhe comunicar. Peça qualquer coisa que você gostaria de receber nesse espaço, como serenidade, sustentação, cura ou poder pessoal.

Eu adoro passar o tempo
no meu lugar especial na Terra.

6 de maio

Escolha um objeto de poder

Visite um belo cenário natural e encontre um lugar confortável onde se sentar e fazer uma breve meditação. Respire profundamente, relaxe o corpo e a mente e deixe a sua consciência se concentrar num ponto muito profundo e silencioso dentro de você. Peça ao seu eu intuitivo para orientá-lo na escolha de um objeto de poder. Depois levante-se e dê um passeio pelo local, sem pressa, olhando à sua volta e observando tudo o que vê no chão e nos arredores. Pegue coisas do chão e observe-as, caso se sinta atraído por elas. Em algum momento, você vai encontrar um objeto que dê a impressão de ser poderoso ou significativo para você. Pode ser qualquer coisa, uma pedra, uma folha, uma concha ou uma pinha.

Sente-se e segure o seu objeto de poder. Pergunte-lhe o que ele significa ou a importância que tem para você. Depois leve-o para casa e coloque-o num lugar especial, de preferência onde você possa vê-lo e reconhecê-lo todos os dias.

O meu objeto de poder me lembra
do que eu preciso me lembrar.

7 de maio

Observe o lugar onde você mora

É interessante perceber como a nossa localização geográfica está relacionada com o processo pelo qual equilibramos as nossas polaridades masculina e feminina. Ambientes tranquilos e naturais tendem a apoiar o aspecto feminino do nosso ser. Ambientes vibrantes e ativos estimulam a energia masculina. Temperaturas mais altas ajudam a relaxar e a fazer fluir as nossas energias femininas, receptivas. Climas mais frios representam um desafio físico, que desenvolve o nosso lado masculino. Por isso, uma cidade como Nova York é, em muitos sentidos, a expressão suprema de energia masculina, e o Havaí é um exemplo de um ambiente extremamente feminino. A maioria dos lugares contém uma série de elementos que ficam entre esses dois extremos.

Estou observando como o meu ambiente
afeta o meu processo.

8 de maio

Fique atento ao seu ambiente

Pense nas maneiras pelas quais a geografia do lugar onde você mora afeta a sua vida, tanto exterior quanto interior. Ela apoia a sua evolução ou a prejudica? O lugar certo depende de muitos fatores pessoais: as experiências de vida pelas quais você já passou, a fase da vida em que você está, os objetivos que tem e que aspectos da sua personalidade você precisa desenvolver e fortalecer. Quando perceber o efeito que a sua localização física tem sobre o seu processo pessoal, você terá mais condições de se equilibrar.

Em que sentido o meu ambiente físico apoia o meu processo interior? De que maneiras ele o prejudica?

9 de maio

Passos para atingir o equilíbrio

Se você mora numa cidade, talvez precise visitar um parque diariamente, passar os finais de semana no campo e/ou fazer visitas regulares a um ambiente mais sereno. Se você mora na zona rural, pode descobrir que viagens ocasionais à cidade são uma forma de estímulo necessária. Se você tem um estilo de vida sedentário, com uma grande dose de trabalho mental, talvez precise de visitas regulares a um ambiente que lhe proporcione um desafio físico e uma sintonia espiritual, como uma trilha na mata ou um rio em que possa descer corredeiras a bordo de um caiaque. Você também pode considerar a possibilidade de mudar de endereço, trocando-o por outro que seja mais adequado para a fase atual da sua vida.

Estou fazendo mudanças positivas
e equilibrando o meu ambiente físico.

10 de maio

Também somos animais

Como seres humanos, tendemos a nos identificar com as nossas energias mentais, a nossa inteligência racional que nos diferencia dos animais. Sim, fisicamente somos animais também. Tendemos a negar o nosso eu animal, mas essa negação nos separa do nosso ambiente e nos impede de saber como viver de maneira confortável e natural em nosso corpo físico. Precisamos reivindicar o aspecto animal da nossa natureza. A nossa mente só pode ser saudável quando o eu físico que a abriga também o for.

Eu honro e respeito
o meu eu animal.

11 de maio

Os animais podem ser nossos mestres

Os nossos irmãos e irmãs animais têm muito a nos ensinar. Relacionando-nos com os nossos animais domésticos ou estudando e observando animais selvagens, podemos aprender muito do que já nos esquecemos sobre nós mesmos. Os animais estão profundamente conectados com os seus seres essenciais. Eles se expressam de modo livre e natural por meio de suas formas físicas. Seguem instintivamente os ritmos da vida. Podem nos ensinar a viver à vontade e com naturalidade na Terra.

Observando os animais
eu posso aprender sobre mim mesmo.

12 de maio

Descubra qual é o seu animal de poder

Imagine que você está caminhando por uma floresta ou por uma selva. Você vê ou sente a presença de muitos animais à sua volta. A certa altura, você encontra um animal que tem um significado particular para você. Pergunte qual é a mensagem que ele lhe traz e fique receptivo para recebê-la. Esse animal pode falar com você oralmente ou por telepatia, ou pode indicar o que ele quer lhe dizer por meio de suas ações. Confie em qualquer pensamento intuitivo que tiver e relacione-o ao seu animal de poder.

Esse animal representa um certo tipo de poder ou sabedoria. Receba de bom grado a dádiva especial que ele tem para lhe ofertar. Saiba que esse animal é agora o seu amigo especial ou aliado, que você pode chamar sempre que precisar da sua energia.

*O meu animal de poder
me dá uma força especial.*

13 de maio

Considere o seu corpo como um tesouro

Na nossa cultura, tendemos a ignorar o nosso corpo físico ou a não lhe dar o devido valor. Precisamos aprender a agradecer ao nosso corpo e a apreciá-lo por tudo o que ele nos faz.

Todos os dias, trate o seu corpo físico de maneiras que o façam se sentir bem. Isso não significa fazer coisas que você *acha* que são boas para ele. Deixe que ele faça o que realmente o satisfaz e o diverte; coisas que lhe sejam agradáveis e o façam se sentir mais vibrante. Saia ao ar livre, caminhe, respire, dance, nade, descanse, ouça uma bela música, receba uma massagem, como uma comida deliciosa. Deixe o seu corpo se divertir!

Todos os dias, eu faço coisas
que agradam o meu corpo físico.

14 de maio

Descubra o seu próprio ritmo

O nosso corpo físico tem certas necessidades básicas: dormir, alimentar-se, fazer atividades físicas, respirar ar fresco. Precisamos satisfazer essas necessidades com certa regularidade. Dormiremos melhor se formos para a cama toda noite e acordarmos pela manhã no mesmo horário. Também sentiremos mais bem-estar se comermos e nos exercitarmos com certa regularidade. Precisamos descobrir e respeitar os nossos ritmos físicos naturais.

Eu valorizo o meu corpo e cuido dele,
respeitando o seu ritmo.

15 de maio

Hábitos diários

Comece a perceber quais são as necessidades do seu corpo. Passe a reparar a que horas prefere ir dormir ou acordar pela manhã. Observe em que horário as refeições lhe dão mais energia. Qual é o melhor horário para você se exercitar? É importante estabelecer o melhor ritmo para você, um ritmo que você consiga seguir diariamente. Se não conseguir aderir ao mesmo ritmo, isso provavelmente significa que ele não é o melhor para você. Continue tentando até encontrar o ritmo que funcione melhor para você.

*Todos os dias, eu acordo, me alimento, me exercito
e durmo de um modo que me faz bem e me dá mais energia.*

16 de maio

Despertando o seu corpo

Ao acordar pela manhã, fique deitado na cama por alguns minutos e procure perceber como o seu corpo está se sentindo. Diga a ele que você é grato por ele ser seu. Espreguice-se e movimente-se de um jeito que lhe dê prazer. Levante-se devagar. Beba um grande copo d'água e imagine que ela está limpando e revigorando o seu corpo. Não beba nem coma nada por alguns minutos. Fique em contato com a energia natural do seu corpo antes de iniciar as atividades do dia.

A cada manhã, reservo alguns minutos
para sentir o meu corpo.

17 de maio

Respire

Todos os dias, de preferência logo ao se levantar, respire fundo e bem devagar algumas vezes. Encha os pulmões, deixando que o ar expanda os seus pulmões e a sua barriga. Ao expirar, imagine que, junto com o ar, você também está expelindo limitações e padrões obsoletos de que não precisa mais nesta vida. Ao inspirar, imagine que está inalando mais vida, saúde e energia.

Eu expiro tudo de que não preciso mais
e inspiro tudo que quero agora e de que preciso.

18 de maio

Nutra o seu corpo

É importante encontrar o ritmo diário certo para nutrir o seu corpo por meio da alimentação. Cada corpo tem necessidades ligeiramente diferentes, por isso procure perceber o que o seu corpo quer lhe comunicar. As três refeições diárias tradicionais podem não atender às necessidades do seu corpo. Algumas pessoas acham que um café da manhã reforçado é o suficiente para sustentá-las ao longo do dia, enquanto outras gostam de fazer uma refeição frugal pela manhã e almoçar muito bem. Há também quem prefira ingerir, entre o almoço e o jantar, algo que lhe dê mais energia. Preste atenção ao modo como o seu corpo reage aos alimentos que você ingere e, com base nisso, modifique os horários das suas refeições.

Eu alimento o meu corpo
de um modo que me dê mais energia.

19 de maio

Faça exercícios

Todos os dias movimente e estimule o seu corpo de um modo que o divirta e lhe dê mais energia. Para atender às necessidades diárias do seu corpo, você não precisa fazer exercícios até o ponto de sentir dor. Uma caminhada diária é suficiente para muitas pessoas. Ou você pode nadar, fazer yoga ou exercícios de alongamento; também pode fazer aulas de aeróbica, andar de bicicleta ou praticar um esporte de que goste, como futebol ou tênis. Tenha cuidado para não extrapolar os limites do seu corpo. Procure dosar os exercícios mais pesados com outros mais leves, como alongamento ou caminhadas.

Todos os dias, eu exercito o meu corpo
de um modo estimulante e divertido.

20 de maio

Durma bem

De quantas horas de sono você precisa? Durante o dia, você tem o hábito de tomar café ou outros estimulantes para vencer o cansaço? Na nossa sociedade, que valoriza muito mais a ação e o raciocínio lógico, vivemos o tempo todo tentando superar os nossos limites, sem dar ao corpo e à mente o descanso de que eles precisam. O corpo humano tem que descansar e dormir para poder funcionar bem. Durma tanto quanto for necessário.

Eu dou ao meu corpo todas as noites
as horas de sono de que ele precisa.

21 de maio

Ouça o seu corpo

Quando adoece, o seu corpo pode estar tentando lhe comunicar alguma coisa. Ele pode estar querendo lhe dizer que você precisa tomar consciência de algo. Pergunte ao seu corpo o que ele está tentando lhe dizer.

O corpo é muito literal. Ele lhe mostrará da maneira mais explícita possível do que você precisa se conscientizar, o que sempre tem a ver com cuidar melhor de si mesmo e se amar um pouco mais.

*Eu ouço o que
o meu corpo quer me dizer.*

22 de maio

O corpo e as emoções trabalham juntos

A saúde emocional está diretamente ligada à integração e à saúde do corpo físico. O processo de cura das emoções geralmente inclui a cura de desequilíbrios físicos, por meio de massagens e terapias corporais e vários tipos de tratamento alternativos como a quiropraxia ou a acupuntura, ou por meio da alimentação ou de suplementos nutricionais. Podemos fazer um excelente trabalho de cura movimentando o nosso corpo, dançando ou praticando exercícios — deixando a energia da vida fluir pelo nosso corpo.

Temos de eliminar do nosso corpo os bloqueios de energia, que geralmente estão ligados a experiências emocionais. O processo de cura é muito mais rápido quando trabalhamos simultaneamente nos níveis físico e emocional.

Os processos de cura físico e emocional ocorrem simultaneamente, pois um estimula o outro.

23 de maio

O toque é vital

Pense em como as ninhadas de cãezinhos ou gatinhos se amontoam e se aconchegam uns aos outros. Nós, seres humanos, buscamos o contato físico do mesmo modo. Na maioria das sociedades, até recentemente, as famílias viviam muito mais próximas entre si. Mas a nossa sociedade não encara o toque com a mesma receptividade.

O toque e a proximidade confortam, nutrem e tranquilizam a criança em nós e são aspectos fundamentais da vida. Mas nós nos apartamos deles. Não só deixamos de tocar uns aos outros como temos quartos separados e vivemos em casas separadas, suportando uma existência realmente muito solitária.

Todos os dias, eu toco fisicamente alguém
de um modo que faça bem a ambos.

24 de maio

Precisamos da comunidade

O modo como a nossa sociedade está organizada atualmente nos priva do tipo de contato emocional e social de que a maioria de nós precisa. De alguma maneira temos que tomar providências com relação a isso, se possível mudando o nosso estilo de vida de modo que possamos cultivar um sentimento maior de família, de comunidade ou de ligação com respeito às outras pessoas. Se não pudermos mudar de fato esse estilo de vida, então precisamos encontrar um jeito de nos aproximar das outras pessoas e forjar laços de amizade na nossa comunidade.

*Estou cultivando um sentimento
de comunidade na minha vida.*

25 de maio

Todas as coisas estão interligadas

Tudo o que afeta a Terra também nos afeta. Todos respiramos o mesmo ar e caminhamos sobre o mesmo solo. Quando tratamos o nosso planeta com desprezo, estamos tratando a nós mesmos com desprezo. A água corre para o mar, depois evapora e volta para a atmosfera, voltando a cair sobre nós na forma de chuva. A Terra é a nossa mãe. Os animais são nossos irmãos e irmãs. Estamos todos interligados — a família da Terra.

Eu me sinto ligado a tudo
e a todos sobre a Terra.

26 de maio

Sinta a força vital dentro de você

Houve um tempo em que era natural nutrirmos um sentimento de profunda unidade com a vida. À medida que nos tornamos cada vez mais civilizados e industrializados, perdemos o contato com esse sentimento. Agora, como indivíduos, como cultura, e globalmente em nossa consciência de massa, estamos começando a nos voltar novamente para esse sentimento. Estamos começando a reconhecer outra vez que fazemos parte do universo e que a força vital dentro de nós nos liga uns aos outros e a todas as formas de vida.

A força vital dentro de mim
me liga a tudo e a todos.

27 de maio

Somos feitos dos quatro elementos

O nosso corpo e toda a criação são compostos dos quatro elementos: terra, ar, fogo e água. Procure tomar consciência de todos esses elementos dentro de você e à sua volta. A Terra é forte, estável, serena e repleta de recursos. A água flui e borbulha em torvelinho. O ar é livre e leve, quase sem forma. O fogo é quente, brilhante e cheio de energia.

Em diferentes épocas, passamos por diversas fases desses elementos. Num dia podemos nos sentir muito leves e etéricos; no outro podemos estar ardentes e vibrantes como o fogo. Compreenda que todas essas fases são necessárias e que passaremos por todas elas.

Eu sou terra, ar,
fogo e água.

28 de maio

A meditação da árvore

Encontre uma árvore especial. Sente-se embaixo dela ou escale o seu tronco e sente-se num dos galhos, ou ainda coloque os braços ao redor do tronco, encontrando uma posição confortável.

Feche os olhos e relaxe, entrando num estado mental meditativo. Imagine que essa árvore é uma mãe, pai, irmão ou irmã. Fale com ela mentalmente, dizendo como se sente. Depois deixe que a sua mente se aquiete e se abra para receber a energia da árvore. Você pode se sentir confortado, forte ou sábio, ou talvez bem-humorado. Confie no relacionamento que sentir com essa árvore.

Se você morar em algum lugar próximo dela, vá visitá-la frequentemente. Essa pode se revelar uma amizade carinhosa e reconfortante.

Eu tenho muitos tipos
de amigos neste mundo.

29 de maio

A meditação da pedra

Encontre uma grande pedra, com uma superfície lisa o suficiente para que você possa se sentar, se reclinar ou se deitar sobre ela. Sinta como ela é rígida e forte. Observe se a sua superfície é fria ou cálida. Pense em como ela pode ser antiga e há quanto tempo está nesse lugar. Faça de conta que você é a pedra e tente imaginar como é permanecer no mesmo lugar, tranquilo e imóvel, durante centenas, milhares, talvez milhões de anos. Permita-se absorver a energia serena e poderosa dessa pedra.

Sinto a energia da Terra
por meio dessa pedra antiga.

30 de maio

Peça uma bênção

Sempre que você fizer algo na natureza ou que esteja relacionado ao planeta, reserve um momento para pedir pela bênção da Terra e das plantas, dos animais e dos espíritos da natureza que habitam o lugar. Lembre-se de que nunca somos os verdadeiros donos de uma parcela da Terra. Somos seus guardiões, e o lugar nos fará saber quais são as suas necessidades e vontades.

*Eu sou
um guardião da Terra.*

31 de maio

Agradeça à Terra

Todo dia, ao acordar, reserve uns minutos para olhar pela janela ou dar uma volta pelo jardim e observar a beleza da natureza nesse dia. Caso more num apartamento na cidade, sem jardim ou árvores, você pode fazer isso com os vasos de plantas da sua casa ou olhando o céu através da vidraça.

Agradeça à Mãe Terra e a todos os elementos. Agradeça por mais um dia de vida, pois essa é uma dádiva preciosa.

Eu agradeço por outro
lindo dia na Terra.

1º de junho

Encare a sua vida como um reflexo

Nós criamos tudo o que acontece na nossa vida. Atraímos as pessoas, as situações e as experiências necessárias ao nosso crescimento ou somos atraídos por elas.

Encare tudo e todos que encontra e todas as experiências pelas quais passa como um reflexo do que lhe vai por dentro. Depois comece a corrigir os problemas que tem no seu relacionamento consigo mesmo. Você pode principiar a fazer mudanças. Pode começar a substituir as peças que não funcionam. E começar a expandir, expressar e atrair as coisas que são benéficas ao seu crescimento.

Eu encaro a minha vida como
um reflexo do meu processo interior.

2 de junho

O nosso relacionamento mais importante

Existe um relacionamento na nossa vida que é o mais importante de todos. Ele é o alicerce de todos os outros relacionamentos. E quando esse relacionamento vai bem, todos os outros também vão. Quando ele não vai bem, o mesmo acontece com todos os outros. Esse relacionamento é o que temos com nós mesmos.

Se nos concentrarmos nesse relacionamento interior, podemos ver que tudo na vida reflete o modo como nos sentimos com relação a nós mesmos e como nos tratamos. Quando atingimos essa consciência, podemos cultivar relacionamentos mais verdadeiros, confiáveis, satisfatórios e poderosos com as outras pessoas.

Estou cultivando um relacionamento sincero e amoroso comigo mesmo e com as outras pessoas.

3 de junho

A inteireza está dentro de nós

Muitos de nós romperam o relacionamento consigo mesmos. O vazio, a solidão e o desespero causados por esse rompimento fazem com que procuremos com sofreguidão, fora de nós mesmos, algo que preencha esse vazio. Buscamos relacionamentos, na esperança de encontrar alguém que nos faça sentir inteiros. Mas isso não acontece.

Ninguém pode preencher o vazio se você não começar a desenvolver um relacionamento consigo mesmo. A principal conexão está dentro de você. A inteireza é a experiência de integração e expressão de todos os diversos aspectos do seu ser.

Estou descobrindo
a inteireza dentro de mim.

4 de junho

Traga o espírito para o mundo físico

Nas tradições tanto ocidentais quanto orientais, aqueles que querem seguir um caminho espiritual têm que se retirar do mundo lá fora, praticar o celibato e evitar relacionamentos íntimos. Eles veem os relacionamentos como uma distração do foco principal do desenvolvimento espiritual. Na verdade, é difícil manter uma ligação consciente com a nossa essência espiritual enquanto estamos lidando com problemas da vida mundana e particularmente com dificuldades de relacionamento.

Contudo, agora é hora de passarmos para outro nível de prática espiritual. Agora precisamos enfrentar o desafio de trazer plenamente o espírito para o mundo físico, para todos os aspectos e todos os momentos da nossa vida diária. Para isso, temos de estar dispostos a confrontar todas as questões que poderíamos evitar retirando-nos do mundo exterior.

Estou trazendo a minha essência
espiritual para a vida diária.

5 de junho

Não podemos evitar os relacionamentos

Existem momentos na nossa vida em que de fato convém que nos recolhamos do mundo lá fora e nos concentremos no relacionamento que temos com nós mesmos. Mas, se de fato queremos nos tornar seres conscientes, não podemos evitar os relacionamentos. Chega um dia em que temos que nos voltar para o mundo e utilizar os relacionamentos com tudo e com todos à nossa volta para refletir o nosso processo interior. Eles são os melhores espelhos que temos para ver o nosso próprio reflexo. Não há nenhum aprendizado que não possamos ter por meio dos nossos relacionamentos. Eles literalmente nos ensinam tudo o que precisamos saber.

*Os meus relacionamentos estão
me ensinando o que eu preciso saber.*

6 de junho

Por meio dos nossos relacionamentos podemos nos ver

É muito mais difícil olhar dentro de nós do que olhar para o mundo exterior. É por isso que é importante encarar os relacionamentos como espelhos do que se passa dentro de nós. De fato nós não nos enxergamos muito bem. Não conseguimos ver aquilo do qual estamos inconscientes. Mas, se conseguirmos ver os nossos relacionamentos e o fato de que eles refletem a nós mesmos, então podemos começar a nos enxergar.

*Eu me vejo refletido
em meus relacionamentos.*

7 de junho

O relacionamento é o nosso instrumento mais poderoso

O relacionamento provavelmente é o mais poderoso caminho espiritual que existe no mundo de hoje. Ele é o maior instrumento que temos. Os nossos relacionamentos podem ser a rota mais rápida e eficaz para as verdades mais profundas, se soubermos como usá-los. Isso vale não só para os relacionamentos românticos, mas para todo tipo de relacionamento. Esse costume faz de cada instante da nossa vida uma meditação, uma prática de aprendizado e uma possibilidade criativa.

Estou aprendendo com todos
os relacionamentos da minha vida.

8 de junho

Todas as energias precisam ser expressas

O universo contém certos arquétipos básicos ou padrões de energia. Como indivíduos, cada um de nós tem todos esses arquétipos em potencial. Geralmente, desenvolvemos alguns deles, com os quais nos identificamos e expressamos na nossa vida. As outras energias são negadas ou pouco desenvolvidas, mas permanecem em busca de expressão. A fim de nos tornarmos equilibrados e inteiros, precisamos aprender gradualmente a expressar todas essas energias em nossa personalidade e em nossa vida. Num relacionamento íntimo com alguém, esta pessoa geralmente começa a expressar as energias que negamos em nós mesmos. Numa família, qualquer coisa que não esteja sendo expressa por um dos pais começará a ser expressa por um dos filhos. Ao tomar consciência desse processo, você pode aproveitar todos os seus relacionamentos como espelhos para descobrir quais energias em si mesmo precisam de maior expressão.

Que energias eu não estou expressando plenamente na minha vida?
Como elas estão se refletindo nos meus relacionamentos?

9 de junho

Temos uma ampla gama de energias

Cada um de nós tem uma gama muito mais ampla de energias do que aquela de que estamos conscientes. Dê uma olhada em todos os seus aspectos que você rejeita ou não expressa. A vida está tentando lhe mostrar como você pode começar a entrar em contato com essas partes de si mesmo. Uma das maneiras pelas quais a vida lhe mostra isso é usando as outras pessoas como espelho. As pessoas de quem você gosta ou com quem se dá bem, admira, aprecia e convive em harmonia refletem os seus aspectos de que você gosta e que integrou ao seu ser. As pessoas da sua vida de quem você não gosta, que lhe causam problemas, que o incomodam, em relação a quem você tem restrições ou não consegue suportar — essas pessoas espelham aspectos seus que você não aprendeu a amar, a integrar e a expressar em si mesmo.

Quem são as pessoas com quem não me dou bem?
Estou vendo algo nelas que eu não aceito em mim mesmo?

10 de junho

Os opostos se atraem

Muitas vezes nos sentimos atraídos ou atraímos os nossos opostos — pessoas que desenvolveram qualidades opostas àquelas com as quais mais nos identificamos. Procuramos inconscientemente nos tornar inteiros, de modo que nos sentimos atraídos pelas pessoas que têm e expressam energias pouco desenvolvidas em nossa personalidade. Num certo nível, reconhecemos que elas têm potencial para nos ajudar a ter mais equilíbrio.

Quem na minha vida tem
certas energias opostas às minhas?

11 de junho

Elas são nossos mestres

As pessoas da nossa vida que têm energias opostas às nossas podem ser os nossos maiores mestres, se o permitirmos. Temos que reconhecer que elas expressam as polaridades opostas que queremos e de que necessitamos. Logo no início do relacionamento, nós muitas vezes sentimos que a outra pessoa está nos proporcionando exatamente aquilo de que precisamos. São, na verdade, as diferenças que nos atraem tanto. Depois de um tempo, no entanto, começamos a nos ressentir do modo pelo qual elas são diferentes e tentamos mudá-las para que fiquem iguais a nós!

Precisamos nos lembrar que nós as incluímos na nossa vida para nos ensinar e para nos inspirar. O nosso desafio é nos abrirmos para descobrir que partes de nós essas pessoas estão espelhando.

As pessoas com quem tenho
relacionamentos são meus mestres.

12 de junho

A polaridade bagunça versus organização

Um dos problemas de relacionamento mais comuns é o conflito entre ordem e espontaneidade. Quase todos os casais que moram juntos sofrem com essa polarização — um deles é organizado e o outro é bagunceiro. É de fato o conflito entre aquele lado extremamente estruturado, organizado e linear de nós mesmos e o aspecto mais espontâneo, intuitivo e criativo da nossa personalidade. Uma pessoa representa um lado e o parceiro representa o outro.

Vocês podem ter inúmeros conflitos até perceberem que eles estão lhe mostrando que precisam de ambas as partes. Cada um de vocês precisa aprender a encontrar um equilíbrio e viver num meio-termo entre esses dois extremos.

Estou descobrindo o equilíbrio entre
a ordem e a espontaneidade em minha vida.

13 de junho

A polaridade comprometimento versus liberdade

É muito comum num relacionamento que uma pessoa queira um compromisso maior, mais profundidade, mais intimidade e a outra queira mais liberdade, mais espaço. Esse conflito externo reflete polaridades em conflito dentro de nós. Todos nós queremos proximidade, intimidade e comprometimento. Ao mesmo tempo, tememos perder a liberdade e a individualidade. Se você tem esse tipo de conflito num relacionamento, procure descobrir o que ele pode representar com relação a essas partes de si mesmo.

Eu posso ter a liberdade de ser eu mesmo num relacionamento em que exista proximidade e comprometimento.

14 de junho

A polaridade emocional versus racional

Algo que muitas vezes gera conflito num relacionamento é o fato de uma pessoa encarar a vida de um modo mais racional e a outra ter uma abordagem mais baseada nas emoções. Essa é geralmente uma polaridade que acontece entre homens e mulheres. Por tradição, os homens foram condicionados pela sociedade a serem mais racionais e as mulheres, a serem mais emotivas.

Por exemplo, se uma mulher movida pelas emoções convive com um homem muito racional, ela lhe mostra que ele precisa entrar mais em contato com as suas emoções e sentimentos. E o homem mostra à mulher que ela precisa começar a cultivar uma energia mais impessoal ou objetiva, o que lhe daria mais força e equilíbrio na vida.

Estou encontrando o equilíbrio
entre a razão e a emoção.

15 de junho

Precisamos integrar os nossos opostos

Se existe uma área de conflito num relacionamento, isso costuma ser um sinal de que um parceiro está refletindo uma energia que o outro precisa desenvolver. Se o casal não começar a integrar essas energias opostas, ambos começarão a sentir uma polaridade ainda maior.

Por exemplo, na polaridade emocional/racional, a mulher começará a expressar pelo parceiro a energia emocional que ele não expressa e ficará ainda mais emotiva. E o homem começará a suportar nos ombros uma carga dupla de responsabilidade com relação aos aspectos da vida que exigem uma maneira mais racional de lidar com o mundo lá fora. E ficará ainda mais alheio às suas emoções. Ambos podem romper esse impasse se tomarem a atitude de desenvolver os seus lados opostos.

Eu estou desenvolvendo e integrando
as minhas polaridades opostas.

16 de junho

*Os meus relacionamentos expressam
aspectos de mim mesmo*

Pense numa pessoa da sua vida com quem você sempre tem problemas. Pode ser tanto um parceiro, um colega de trabalho, um dos seus filhos ou alguém da sua família, como pode ser um amigo. Pergunte a si mesmo se essa pessoa tem características que parecem diametralmente opostas às suas. Será que ela expressa algo de um jeito totalmente diferente de você? Essa pessoa pode estar refletindo algum aspecto seu que você não conhece ou aceita em si mesmo. Se essas características lhe parecem negativas, procure descobrir algo de bom nelas.

Por exemplo, se essa pessoa costuma ser exigente e agressiva, talvez ela esteja espelhando uma parte do seu ser que precisa ser mais firme e assertiva. Se ela lhe parece preguiçosa, talvez esteja refletindo um aspecto seu que seja mais relaxado e descontraído.

*Estou descobrindo um reflexo meu
em cada um dos meus relacionamentos.*

17 de junho

Que tipo de coisa você costuma criticar?

Pode ser difícil reconhecer ou aceitar que as pessoas com quem você tem problemas estão na verdade refletindo partes suas que você nega. Um jeito simples de perceber isso é observar quando você critica uma pessoa. No fundo, você pode estar com inveja dela. Talvez essa pessoa esteja expressando um tipo de energia que você esconde ou se nega a expressar — energias que podem estar fora de equilíbrio de uma maneira oposta a que estão em você. Você não precisa se tornar como essa pessoa ou ir para o outro extremo. Só reconheça que pode precisar desenvolver um pouco mais essa energia.

Por exemplo, se você é uma pessoa calma e reservada, pode ter o hábito de criticar pessoas que parecem atrair a atenção de todos. Essas pessoas podem estar espelhando uma parte de você que gostaria de receber mais atenção.

Que tipo de coisa eu ando criticando em mim ou nos outros?
De que modo isso pode estar me mostrando
uma parte de mim que eu não aceito?

18 de junho

Rejeição e aceitação

Nós evitamos as coisas que tememos porque achamos que, se as confrontarmos, as consequências serão funestas. Mas, na verdade, o que provoca consequências funestas na nossa vida é evitar o que precisamos aprender ou descobrir. Precisamos, em vez disso, saber como aceitar as coisas que tememos, seja encarando as nossas emoções ou aprendendo a equilibrar o nosso orçamento doméstico! A aceitação é simplesmente a disposição para olhar, para confrontar e compreender algo em vez de rejeitá-lo.

Aceitação não significa que temos de nos conformar com as coisas da nossa vida que não são boas para nós. Precisamos estabelecer limites e ser capazes de diferenciar o que é certo do que não é certo para nós.

*Estou disposto a confrontar e entender
todos os aspectos de mim mesmo e da vida.*

19 de junho

Primeiro tome as atitudes concretas

Estar disposto a aprender com os seus relacionamentos não significa que você tenha que manter um relacionamento que não é bom para você. Se um relacionamento é abusivo do ponto de vista físico ou emocional, o que você precisa aprender com ele é estabelecer limites e se proteger. Isso significa rompê-lo caso essa seja a melhor maneira de cuidar de si mesmo.

As pessoas só podem nos criticar ou abusar de nós na medida em que deixamos ou aceitamos que elas façam isso. Primeiro temos que tomar atitudes concretas para nos proteger delas e cuidar melhor de nós. Depois precisamos nos voltar para dentro, perceber de que maneira nos criticamos e abusamos de nós mesmos e, em vez disso, começar a nos amar e apoiar.

*Eu estabeleço os limites apropriados
para me proteger e cuidar de mim mesmo.*

20 de junho

Reconheça os seus reflexos positivos

Quando começamos a ver os nossos relacionamentos como espelhos, temos a tendência de ver apenas o negativo. É importante, contudo, reconhecer tanto os aspectos positivos que estão sendo refletidos pelos relacionamentos quanto os negativos. Reserve algum tempo para observar o que você vem criando de belo e positivo na sua vida, pois isso também é um reflexo de quem você é. Aproveite o que vê de negativo, não como uma maneira de se recriminar, mas de ver o que ainda tem que aprender para aperfeiçoar essa obra de arte em que está trabalhando. A sua vida é um trabalho em andamento, que você está sempre aperfeiçoando e redefinindo.

*Por meio dos reflexos positivos
da minha vida eu vejo como sou belo.*

21 de junho

*Os modelos de comportamento refletem
as minhas qualidades interiores*

Pense em alguém que tem qualidades que você admira. O que é tão admirável nessa pessoa? Você acha que tem essas mesmas qualidades? Talvez você ainda não esteja em contato com elas ou não as tenha desenvolvido na mesma proporção que essa pessoa, mas você as possui. Faça de conta agora que uma parte sua é muito parecida com essa pessoa e pense em como você pode ativar e expressar melhor essa parte em sua vida. Imagine como essa pessoa agiria numa dada situação e deixe que a energia dela envolva você. Peça também ao seu guia interior para lhe mostrar como você pode evocar essas qualidades em si mesmo.

*As qualidades que eu vejo nas pessoas que são modelos
de comportamento já existem dentro de mim.
Estou aprendendo todos os dias a expressar
essa parte de mim mesmo.*

22 de junho

Todos nós precisamos de relacionamentos

À s vezes as pessoas se perguntam se não vão mais precisar de relacionamentos depois que estiverem integradas ou inteiras. Como os relacionamentos parecem nos mostrar as maneiras pelas quais ainda não estamos completos, depois que aprendemos essas lições a impressão que temos é que os relacionamentos vão se tornar supérfluos. Mas é claro que não há um resultado definitivo, não há um ponto em que possamos chegar e dizer "acabou". Só existe um processo contínuo e cada vez mais profundo de autodescoberta.

A necessidade de amor, contato, interação e proximidade com as pessoas faz parte da natureza humana. Quanto mais consciente nos tornamos, mais os nossos relacionamentos refletem as nossas múltiplas facetas. Os nossos relacionamentos só ficarão melhores quando expressarmos mais quem somos.

Os meus relacionamentos são
uma parte importante da minha vida.

23 de junho

Os nossos relacionamentos podem ser curados

Para muitos de nós, os relacionamentos representam uma provação tão grande que é difícil acreditar que chegará um dia em que todos os relacionamentos da nossa vida serão felizes e satisfatórios. Porém, se estivermos dispostos a fazer um trabalho emocional profundo, os relacionamentos refletirão cada avanço que façamos no relacionamento com nós mesmos. Ao nos tornarmos mais integrados, os nossos relacionamentos se tornarão um reflexo incrível da nossa vivacidade, do amor por nós mesmos e da nossa autoexpressão.

*Os meus relacionamentos estão ficando
cada vez melhores à medida que eu curo a mim mesmo.*

24 de junho

A dança dos espelhos

O relacionamento consciente é uma dança em que você está continuamente vendo o seu reflexo em outra pessoa. Ambos espelham constantemente o reflexo do processo um do outro. Ao assumir uma polaridade, você vê a outra pessoa assumindo a outra polaridade. Vocês atuam juntos e se aperfeiçoam mutuamente. Às vezes, não conseguem avançar. Vocês desafiam um ao outro a expressar mais plenamente quem são. Trata-se de um processo constante e cada vez mais profundo de abertura. Vocês dançam um com o outro e com a vida.

Eu estou dançando
pela vida e com quem amo.

25 de junho

Sexo é energia

A nossa sexualidade está relacionada ao fluxo de energia, à força vital dentro de nós. Ela não pode ser separada do que acontece no relacionamento do ponto de vista energético. Está intimamente conectada com o modo como lidamos com as nossas emoções e com a clareza dos nossos sentimentos. Quanto mais vivenciamos e expressamos os nossos sentimentos, mais desobstruídos ficam os nossos canais e mais livre e prazerosamente flui a nossa energia sexual.

A minha energia sexual está
fluindo livremente, sem obstruções.

26 de junho

A sexualidade precisa ser curada

Uma das coisas mais importantes de um relacionamento sexual é a honestidade. Até que ponto vocês são autênticos e sinceros um com o outro? Até que ponto vocês realmente expressam o que sentem? Escondem algo um do outro? Essas perguntas podem ser mais difíceis de responder do que você pensa, pois existem muitos níveis de honestidade e desonestidade, tanto em nós quanto nos outros.

Num nível, podemos optar conscientemente por não falar sobre coisas que estamos sentindo ou fazendo, pois não achamos que isso será aceito pela outra pessoa. Em outro nível, podemos nem tomar consciência do que sentimos porque temos medo de que esses sentimentos não sejam aceitáveis aos olhos da outra pessoa, de que eles estraguem o relacionamento e a deixem com raiva. Nós sutilmente ocultamos informações ou sentimentos sem nos dar conta disso. Por fim, fazemos isso porque temos receio de sermos rejeitados ou abandonados pela outra pessoa.

*Eu expresso os meus
sentimentos com honestidade.*

27 de junho

A desonestidade prejudica os relacionamentos

Sempre que passamos a ocultar a nossa verdade em qualquer nível, mesmo que se trate de algo sutil ou insignificante, bloqueamos a energia vital que vem através de nós e começamos a nos prejudicar e aos nossos relacionamentos. A energia sexual, entre outras coisas, diminui. É isso o que muitas vezes acontece em relacionamentos de longa data.

É muito difícil sermos honestos o tempo todo com nós mesmos e com a outra pessoa. Faz parte da natureza humana tentar agradar o outro, o que significa que não queremos mostrar a ele os nossos aspectos indesejáveis. Também queremos segurança, por isso temos medo de correr o risco de revelar algo que possa ameaçar o relacionamento. Existe um nível sutil em que negamos ao outro a verdade. E na mesma proporção em que ocultamos as nossas verdades, também diminuímos o nível de energia dos nossos relacionamentos.

Quanto mais sincero eu sou,
mais vivo eu me sinto.

28 de junho

Corra o risco de ser sincero

É possível ter um relacionamento vibrante, passional, que viva se renovando e continue sexual, ou pelo menos continue passando por ciclos de grande sexualidade.

Por mais irônico que pareça, você tem que estar disposto a arriscar o seu relacionamento para que ele continue sendo vibrante. Você tem que encarar o medo de perder esse relacionamento para que possa ser autêntico, ser você mesmo e viver a sua verdade. Você tem que estar disposto a mostrar as partes de si mesmo que quer esconder por achar que são indesejáveis e poderiam pôr em risco o relacionamento. E, se você estiver disposto a fazer isso, pode acabar perdendo o relacionamento, mas o mais provável é que você crie um outro extremamente vibrante e poderoso.

Eu corro o risco
de ser verdadeiro.

29 de junho

A sexualidade tem ciclos

Existem momentos na nossa vida em que nos sentimos mais sexuais e outros em que não nos sentimos assim. O nosso relacionamento também fica mais ou menos sexual de tempos em tempos. Temos que reconhecer esses ciclos e respeitá-los. Às vezes, quando não sentimos essa energia, ficamos com receio de que a tenhamos perdido para sempre! Mas como tudo o que é natural, o nosso ciclo sexual tem um ritmo. Em certas épocas precisamos nos voltar para dentro e nos nutrir com um tempo só para nós. Isso revigora as nossas energias, possibilitando que mais uma vez o nosso desejo se funda com o de outra pessoa.

Eu respeito os meus
ciclos energéticos naturais.

30 de junho

O sexo existe em muitos níveis

O sexo existe em todos os quatro níveis — no espiritual, no mental, no emocional e no físico. O sexo no nível espiritual envolve a profunda ligação que podemos sentir com outro ser, a conexão tântrica de se fundir com outra alma. O nível mental da sexualidade é a fantasia, que está ligada a todas as possibilidades que existem por meio da mente. O nível emocional da sexualidade traz a satisfação do amor e da proximidade. O nível físico da sexualidade proporciona alívio e satisfação ao corpo. Qualquer um desses níveis pode ser gratificante, mas para nos sentirmos completos precisamos vivenciar todos eles.

Estou aberto a todos
os níveis da minha sexualidade.

Inverno

1º de julho

A crise das drogas

A epidemia de drogas na nossa sociedade está relacionada a um desequilíbrio cultural das polaridades masculina e feminina. A ênfase exagerada na energia masculina e a necessidade de produzir e progredir profissionalmente têm reprimido a nossa energia feminina — a nossa conexão espiritual, intuitiva e criativa. Algumas drogas reforçam essa tendência, fazendo-nos sentir poderosos e no controle. Outras nos tiram do lado esquerdo linear do cérebro e nos levam para a energia criativa, intuitiva, espiritual e visionária do lado direito. Evidentemente, elas fazem isso de maneira distorcida e destrutiva. Mas nos dão a oportunidade de passar algum tempo do outro lado da nossa psique.

Se quisermos acabar com a crise das drogas, precisamos encontrar maneiras saudáveis e criativas de apoiar as pessoas enquanto elas exploram e equilibram essas duas polaridades.

Estou descobrindo maneiras saudáveis de expressar
tanto as minhas energias masculinas quanto as femininas.

2 de julho

Todos nós temos vícios

Vivemos numa sociedade viciada, em que quase todos nós temos uma tendência para algum tipo de comportamento destrutivo. Podemos ser viciados em comida ou em drogas (inclusive cigarros, café e açúcar), podemos ter vício por dinheiro ou por relacionamentos, ou podemos ser viciados em trabalho. Até a meditação é um vício para algumas pessoas. Qualquer comportamento que possa ser usado de modo compulsivo como uma válvula de escape para os nossos sentimentos ou um substituto para satisfazer as nossas verdadeiras necessidades emocionais pode se tornar um vício. A nossa cultura não nos ensinou maneiras eficientes de suprirmos as nossas necessidades e ter uma vida equilibrada, por isso precisamos descobri-las por nós mesmos.

*Estou aprendendo a suprir as minhas
necessidades de maneiras naturais e equilibradas.*

3 de julho

As drogas inibem o eu principal

O álcool e certas drogas inibem temporariamente o eu primário e o nosso crítico interior. Elas nocauteiam o eu que nos pressiona, nocauteiam o nosso protetor/controlador e dão passagem livre aos eus que negamos em nós mesmos. Os eus mais emocionais, mais espontâneos, expressivos, sexuais, sensuais — todos esses eus que não têm oportunidade de vir à tona de outro modo — passam a se expressar.

E, depois, evidentemente, quando passa o efeito da droga, o efeito do álcool, os eus principais voltam mais fortes do que nunca, particularmente o crítico interior. Isso perpetua o ciclo. Pois, quando acordar na manhã seguinte e o seu crítico estiver arrasando-o com as suas recriminações, você vai querer nocauteá-lo outra vez o mais rápido possível. Só depois que detém esse círculo vicioso, você pode se dar conta desse processo interior e fazer a sua consciência trabalhar para restabelecer o seu equilíbrio.

Estou aprendendo maneiras mais saudáveis
de dar expressão aos eus que eu neguei.

4 de julho

Tirano e rebelde

Muitas pessoas que têm vícios estão bastante identificadas com o aspecto rebelde da sua personalidade. Elas vivem num conflito entre o seu lado tirano e o seu lado rebelde. O tirano interior tem muitas regras acerca do que podemos ou não podemos fazer, e a tarefa do rebelde é fazer justamente o contrário do que ditam essas regras. Se você é dominado pelo seu rebelde interior, isso não significa que tenha uma liberdade verdadeira, pois essa é uma reação inconsciente e instintiva que pode se revelar muito destrutiva. A liberdade é conquistada por meio da consciência — quando tomamos consciência do nosso tirano interior e do nosso rebelde interior e não deixamos que nenhum deles nos controle mais. Ironicamente, ambos estão tentando cuidar de nós do jeito deles, mas isso não funciona. Você não pode deixar mais que nenhum dos dois o controle.

Será que eu tenho um aspecto tirano
e um aspecto rebelde na minha personalidade?

5 de julho

O vício é uma ânsia por amor

A criança em nós tem certas necessidades básicas — necessidade de amor, de contato emocional e físico, de respeito e de autoexpressão. Se essas necessidades não foram totalmente supridas na infância (e raramente o são), desenvolvemos certos comportamentos para tentar nutrir a nossa criança interior. Os nossos vícios são, na verdade, tentativas inconscientes e mal-orientadas de cuidar da nossa criança interior. Por meio da ingestão exagerada de alimentos, do consumo de álcool, do tabagismo ou do consumo de drogas ilegais, tentamos nutrir a criança, entorpecer a dor que ela sente e fazer com que ela se sinta um pouco melhor por um tempo; seja trabalhando exageradamente, seja nos esforçando para cuidar de outras pessoas, tentamos obter aprovação e um sentimento de segurança.

Claro, isso não funciona muito bem, porque, além de ser terrivelmente destrutivo para o corpo e a psique, significa que você não está cuidando das verdadeiras necessidades da criança. O que funciona mesmo é abandonar o vício e entrar em contato com as verdadeiras necessidades da criança, e depois tomar providências para começar a satisfazer essas necessidades.

Será que estou usando algum vício
para nutrir a minha criança interior?

6 de julho

Procure ajuda

Um dos passos mais importantes para abandonar qualquer tipo de vício é procurar a ajuda e o apoio de pessoas que realmente entendam o problema. Essa é uma maneira de dizer a si mesmo que você merece o apoio e os cuidados de outras pessoas. Muitos viciados conseguem apoio eficaz para lidar com os seus vícios nos Alcoólicos Anônimos e em outros programas de doze passos. Esses programas proporcionam um grupo de apoio, aceitação e incentivo, coisas que muitas pessoas não encontram na família e não teriam de outra maneira na vida. Esses programas também estimulam um ambiente de aceitação incondicional, que é o contrário do que faz o crítico interior.

Como a maioria das pessoas com problemas relacionados a vícios tem críticos interiores muito fortes, quando passam a frequentar os encontros dos programas de doze passos, elas começam a combater os efeitos dessa autocrítica interior e aprendem a amar a si mesmas incondicionalmente.

Estou descobrindo o tipo de amor
e apoio de que preciso na vida.

7 de julho

Precisamos de uma ligação espiritual

Uma das razões por que os programas de doze passos são tão eficazes é o fato de que eles ajudam as pessoas a encontrar ligações espirituais, e assim elas não precisam mais usar as drogas para provocar esses mesmos sentimentos ou efeitos. Os programas proporcionam às pessoas um lugar onde elas podem evocar a sua própria experiência de um poder superior, o que é uma das principais coisas que as pessoas procuram quando recorrem às drogas.

Ao conseguirmos obter o apoio emocional de outras pessoas e começarmos a fazer contato com a nossa essência espiritual interior, teremos alicerces mais firmes para iniciar o nosso trabalho de cura psicológico.

Estou em contato
com o meu poder superior.

8 de julho

Como você se relaciona com a comida?

A comida é uma das principais coisas que usamos na vida em substituição ao amor, ao poder e à proteção. A comida tem muitas funções. Se a sua criança interior não é amada nem está bem-nutrida, então uma das coisas que você pode fazer inconscientemente é tentar lhe dar amor por meio de certos tipos de alimento. Mas o que ela realmente precisa é de amor, contato emocional ou liberdade para sentir e expressar as suas emoções.

Dou à minha criança interior amor verdadeiro,
não substitutos para esse amor.

9 de julho

O açúcar é um substituto para o amor

Muitas pessoas usam o açúcar como um substituto para o amor. O açúcar lhe dá o mesmo tipo de euforia que você experimenta quando se sente amado. O chocolate tem um efeito particularmente poderoso. O açúcar é a droga que dá à criança interior uma sensação temporária de felicidade. Ocasionalmente, isso é até bom, mas o açúcar não é um substituto para o amor de que a criança precisa. Encontre outros meios mais saudáveis para dar à sua criança interior um agrado e fazer com que ela se sinta feliz e amada.

Estou descobrindo meios mais saudáveis
de agradar à minha criança interior.

10 de julho

A cafeína é uma droga

A cafeína é uma droga que reforça os nossos valores culturais de produtividade e racionalidade. A maioria das pessoas toma uma xícara de café pela manhã para "despertar". Elas literalmente "turbinam" o corpo para poder trabalhar e produzir. Mas, ao estimular o seu corpo artificialmente, você perde o contato com os seus ritmos naturais. Perde o contato com o seu corpo e com as suas emoções.

Para abandonar a cafeína, você tem que estar disposto a descobrir qual é o ritmo e a velocidade naturais do seu corpo, e a confiar neles.

*Estou aprendendo a confiar
no ritmo natural do meu corpo.*

11 de julho

A comida pode ser um substituto para a energia masculina

A comida e os problemas de peso estão relacionados com distorções e desequilíbrios nas nossas energias masculina e feminina. Se você desenvolveu mais a energia feminina do que a masculina, pode se sentir meio inseguro e desenraizado no mundo. A comida pode se tornar um substituto para a energia masculina — uma maneira de proteger a criança vulnerável e se ancorar por meio do excesso de peso do corpo físico. Você também pode evocar um sentimento de poder e controle na vida negando comida a si mesmo. Uma maneira de sanar essas questões é começar a desenvolver uma energia masculina construtiva que o apoie e o faça se sentir ancorado.

Estou permitindo que
a minha energia masculina me apoie no mundo.

12 de julho

Aprenda a estabelecer limites

Questões relacionadas à comida e ao peso corporal têm a ver com a falta de limites. Se você não sabe estabelecer limites bem-definidos e é incapaz de dizer não às pessoas ou de proteger a si mesmo mantendo as outras pessoas fora do seu espaço quando quer ou precisa disso, você pode literalmente criar uma proteção física por meio do excesso de peso corporal. O peso acima do normal lhe proporciona uma sensação de solidez, força, ancoramento, e o excesso de "recheio" realmente evita que você absorva demasiadas energias do ambiente à sua volta. É uma tentativa do corpo de proteger a criança vulnerável e extremamente sensível, que tende a captar os sentimentos, emoções e energias de todos ao seu redor.

Ao ter a sensação de que não sabe como proteger a si mesmo, você come não só para nutrir a sua criança como para criar uma camada de proteção à sua volta e se sentir mais seguro e atuante no mundo.

Eu protejo a minha criança vulnerável
estabelecendo limites bem-definidos.

13 de julho

A comida não é a sua mãe

As questões relacionadas à comida muitas vezes gravitam em torno da mãe ou da energia maternal. Precisamos aprender a nutrir e cuidar de nós mesmos de maneira maternal em vez de ainda agir conforme o que recebemos ou não recebemos das nossas mães.

Você pode se tornar uma boa mãe para a sua criança interior nutrindo-a com amor, compreensão e apoio. E você pode ser um bom pai para a sua criança interior dando a ela proteção e estrutura para apoiá-la. Quer você seja um homem ou uma mulher, você precisa cultivar, dentro de si, a energia de uma boa mãe ou de um bom pai para a sua criança interior.

*Sou um bom pai e uma
boa mãe para a minha criança interior.*

14 de julho

Equilibre nutrição e prazer

Tendemos a impor a nós mesmos uma quantidade insuportável de regras e regulamentos sobre o que podemos ou não comer. Tentamos seguir diferentes dietas e ideias sobre o que é bom para nós; depois nos rebelamos contra elas. Ser um bom pai ou uma boa mãe para a nossa criança interior significa ingerir alimentos que nutram o nosso corpo e ao mesmo tempo nos agradem. Encontre o equilíbrio entre alimentos saudáveis e integrais, mas que também tenham um gosto bom e agradem à sua criança interior.

*Eu como alimentos
nutritivos e deliciosos.*

15 de julho

Descubra o que o seu corpo gosta de comer

O seu corpo lhe comunica naturalmente o que quer comer quando você não está usando a comida como um substituto para outra coisa. Depois você pode começar de fato a ouvir o seu corpo e descobrir do que ele gosta ou não gosta. O corpo é muito explícito. Se você comer o que o seu corpo quer a maior parte do tempo, em vez de comer o que acha que deve comer, o seu corpo responderá se sentindo saudável, feliz e cheio de vida. Você vai descobrir que aquilo que o seu corpo quer é o que é realmente bom para ele.

Hoje estou reservando um tempo para prestar atenção no modo pelo qual o meu corpo reage ao que eu como.

16 de julho

A prática da alimentação consciente

A prática da alimentação consciente envolve três etapas de percepção. Primeiro, lide com as questões emocionais: por que você come, o que come e o que está querendo realmente fazer. Descubra do que a sua criança interior realmente precisa num nível mais profundo e aprenda a nutri-la e a protegê-la de maneiras mais eficazes do que com a comida. Segundo, comece a aprender a se comunicar com o seu corpo para descobrir o que ele realmente quer, quando quer e do que ele gosta. E saiba que isso muda de tempos em tempos, de acordo com o lugar e o clima de onde você mora, de como está a sua energia, do que você está fazendo e do estilo de vida que tem. O terceiro passo é descobrir como você come de fato. Onde come, como prepara a sua comida, quanto tempo reserva às refeições?

Estou tomando consciência
dos meus hábitos alimentares.

17 de julho

Reserve um tempo para se alimentar

Quanto tempo você reserva para as suas refeições? Você costuma se sentar para comer? Você se dá um tempo para apreciar o momento e saborear cada bocado de comida? Ou come um sanduíche rapidamente sentado à escrivaninha, enquanto trabalha?

Precisamos reservar um tempo para as refeições todos os dias, para que possamos nos alimentar, nos amar e cuidar de nós mesmos.

Hoje vou dar a mim mesmo tempo suficiente
para comer com tranquilidade.

18 de julho

Prepare um local para as suas refeições

Onde você costuma comer? Você prepara com cuidado um local agradável para as suas refeições? Dá a si mesmo um tempo para saboreá-las? Costuma se sentar na hora de comer? Presta atenção ao que come ou fica assistindo à TV?

Precisamos dar a nós mesmos um tempo para saborear e digerir os alimentos, de modo que eles possam nutrir o nosso corpo. Precisamos nos amar o suficiente para tornar bonitas as nossas refeições e o local onde as fazemos.

*Hoje vou criar um espaço agradável
para fazer as minhas refeições.*

19 de julho

Prepare as suas refeições com amor

Não importa o que você esteja comendo hoje, o importante é que essa refeição tenha sido preparada com amor. Não se limite a misturar os ingredientes. Você merece algo melhor do que isso. Pense nos alimentos enquanto os prepara e aprecie a aparência deles, o aroma que têm e a expectativa de provar o seu sabor. Estabeleça a intenção de se nutrir amorosamente com esses alimentos. Reserve alguns minutos para arrumá-los de modo atrativo num prato bonito e coloque a mesa com cuidado, mesmo que vá fazer a refeição sozinho.

*Hoje vou preparar
a minha comida com amor.*

20 de julho

Alimente-se em muitos níveis

A comida é uma forma compacta de energia que nos alimenta tanto energética quanto fisicamente. Mas temos outros níveis além do corpo físico que são nutridos quando comemos. O nível emocional também pode ser nutrido enquanto comemos, caso pensemos que estamos nutrindo o nosso corpo com algo que tem uma aparência, um gosto e um aroma agradáveis.

Deixe que o ato de comer seja uma experiência prazerosa de amor por si mesmo. Você está se alimentando no nível espiritual e também no etérico. Pense no local da Terra de onde vieram os alimentos que você ingere e em como o planeta o está nutrindo. Você pode se nutrir em todos os níveis caso entre em sintonia com eles enquanto come.

Eu me nutro
em muitos níveis.

21 de julho

Euforia

A euforia em sua forma natural é o que sentimos quando percebemos a força vital se movimentando dentro de nós. Trata-se de um estado de vibração, em que uma grande quantidade de energia flui pelo nosso corpo. Mas o que muitos de nós vivenciam como euforia na vida é na verdade um tipo de vício por adrenalina. Ficamos viciados em criar grandes dramas ou batalhas na vida, que funcionam como uma imensa descarga de adrenalina em nosso organismo.

A diferença entre esse vício em adrenalina e a euforia natural é que o primeiro na verdade não é gratificante nem satisfatório a longo prazo. Ele drena a nossa energia e nos deixa esgotados. A euforia de verdade nos deixa mais vibrantes e cheios de vida, pois é resultado de um fluxo natural de energia.

Eu sinto uma euforia natural
pelo fato de estar vivo.

22 de julho

A ligação entre o medo e a euforia

A euforia e o medo estão estreitamente ligados. Muitas vezes, sentimos a euforia como se fosse medo pouco antes de darmos passagem para a euforia. Um exemplo clássico disso é o medo de palco. A quantidade de energia vital que circula pelo nosso corpo antes de entrarmos no palco é poderosa e estimulante. É quase como se o corpo ficasse tão assustado com a quantidade de energia que vai percorrê-lo que a primeira reação é se retesar contra ela e sentimos algo parecido com o medo. Mas, na verdade, o que existe no fundo é euforia e vibração.

Às vezes, quando estou eufórico,
posso sentir medo.

23 de julho

O lado feminino e o masculino da sexualidade

Para aproveitar plenamente a nossa sexualidade, precisamos conseguir acessar os seus dois lados: o feminino e o masculino. Por tradição, os homens aceitam o lado masculino da sua sexualidade, mas negam o feminino. Por isso os homens se sentem à vontade sendo agressivos e físicos, e fazendo conquistas. As mulheres expressam os aspectos mais sensuais e emocionais do sexo, por isso elas vivenciam as partes mais sensíveis e vulneráveis da sua sexualidade.

Evidentemente, essas generalizações muitas vezes se invertem. Alguns homens desenvolvem a sensibilidade e a sensualidade, mas se sentem desconfortáveis com o aspecto agressivo da sua sexualidade. E algumas mulheres apreciam o lado físico da sexualidade, mas temem a verdadeira vulnerabilidade emocional. Como acontece com qualquer outra coisa, se expressarmos só uma polaridade, estaremos deixando de aproveitar a outra metade da vida. Se desenvolvermos ambas as polaridades da sexualidade, poderemos expressar livremente as duas a fim de conhecer todas as nossas energias.

*Eu gosto de expressar os lados masculino
e feminino da minha sexualidade.*

24 de julho

As polaridades criam sexualidade

A essência da sexualidade é o magnetismo que existe entre duas energias opostas do universo. Seja o relacionamento heterossexual ou homossexual, somos atraídos pelas qualidades da outra pessoa que são contrárias às nossas características principais. Ao usarmos o reflexo do nosso parceiro para abarcar essas qualidades opostas dentro de nós, passamos a desenvolver todo o espectro de nossa própria expressão.

Que energias me atraem
mais fortemente?

25 de julho

Descubra o seu eu animal

Como seres humanos civilizados, todos nós negamos uma parte do eu: o nosso eu animal. Essa é a parte de nós que é física e instintiva, que sabe como sobreviver e se dar bem no reino físico. Ela inclui o corpo físico, os nossos instintos, a nossa sexualidade e a nossa agressão natural, que nos ajuda a proteger e cuidar de nós mesmos.

Passamos a temer bastante esses aspectos do nosso eu e desconfiar deles, pois eles são o oposto das energias mental e espiritual. No entanto, o nosso eu animal é uma parte de nós de que precisamos. Quando o negamos, perdemos o contato com uma grande parte do nosso poder e da nossa capacidade de sobreviver no mundo físico. Precisamos voltar a entrar em contato com esse eu animal e utilizar a sua poderosa energia.

Estou aprendendo a reconhecer
o aspecto animal de mim mesmo.

26 de julho

A nossa sexualidade natural é negada

Como negamos o nosso eu animal primitivo, a maioria de nós perdeu a conexão natural com a sexualidade física. Na verdade, muitas pessoas sentem uma grande vergonha do próprio corpo e desejo sexual, e vive em conflito por causa disso. O mais irônico é que, quando negamos ou rejeitamos algo, muitas vezes passamos a ter uma obsessão justamente por aquilo que estamos tentando esquecer! Por isso a nossa cultura tem uma obsessão tão grande pela sexualidade física — como podemos ver pelos filmes, revistas, músicas e muitos outros aspectos da cultura popular. Isso acontece porque a nossa sexualidade física é um importante aspecto do nosso ser, com o qual ansiamos por recuperar o contato. Se pudermos aceitar essa energia e nos apropriar dela, ela se tornará uma parte natural e integrada da nossa vida.

A minha sexualidade
é uma parte natural da minha vida.

27 de julho

Aceite a sua agressividade

Quando rejeita algo em si mesmo, uma das coisas que você faz é projetar isso em outras pessoas. Essa característica passa então a ser a sua sombra e você culpa as outras pessoas por ela. Porém, ao rejeitá-la e projetá-la, você lhe dá mais poder.

Muitas pessoas hoje em dia estão extremamente identificadas com a paz, o amor e a espiritualidade. Elas negam a sua agressividade e a projetam em outras pessoas que estão em guerra no mundo lá fora. Então passam a meditar e a rezar pela paz. Elas não percebem que, ao negar a sua agressão, elas estão criando um imenso lado sombrio que na verdade potencializa a guerra! Para realmente criar paz no mundo, precisamos ficar em paz com a nossa agressão natural e aprender a usá-la de maneira apropriada.

Estou aprendendo a reconhecer
e aceitar a minha energia de agressividade.

28 de julho

O guerreiro

Para admitir sua agressividade, você precisa reconhecer e respeitar a sua parte guerreira. O guerreiro é uma faceta muito importante tanto dos homens quanto das mulheres. Ela é a parte de nós que é forte, agressiva e protetora. É a parte que estabelece limites e entra em ação caso esses limites sejam desrespeitados. A sua função é preservar a nossa segurança e bem-estar e servir à verdade e ao que é certo.

Eu respeito o guerreiro
que há dentro de mim.

29 de julho

O guerreiro nos protege

Se você não tem acesso ao guerreiro, que na verdade é a porção que pode protegê-lo e cuidar de você do ponto de vista físico e energético no mundo, você é uma vítima e pode ser ferido ou sofrer abusos.

Ao negar o seu guerreiro, você não está protegido. É como se houvesse um buraco no seu campo energético e você atraísse para lá energia de violência e de abuso. Por isso, para a sua própria proteção, é importantíssimo que você se conecte com a energia desse guerreiro e tenha acesso a ele.

As artes marciais orientais cultivam o acesso à energia do guerreiro a ponto de você nunca precisar usá-la. O seu campo energético contém essa poderosa energia, capaz de, sozinha, proteger você.

O meu guerreiro interior é uma energia poderosa
que está sempre me protegendo e velando por mim.

30 de julho

Canalize o seu guerreiro

Na nossa cultura, não há um lugar adequado para a energia do guerreiro ser expressa e valorizada.

Para muitos de nós, não é mais apropriado brigar fisicamente ou matar outras pessoas. Não há um lugar de verdade para a energia do guerreiro, como costumava haver antigamente, e, no entanto, ela continua sendo um arquétipo essencial. É importante que encontremos uma maneira correta de expressar essa energia. Do contrário, ela encontrará uma válvula de escape negativa ou se voltará contra nós.

Todo homem e toda mulher precisam se conectar com o seu guerreiro interior e descobrir uma maneira de canalizar a sua energia. O nosso guerreiro é a energia que nos protege de perigos em potencial, de modo que possamos passar por eles ilesos. É a parte que pode nos ajudar a conseguir o que precisamos, queremos ou em que acreditamos. Temos de nos tornar guerreiros que lutam pela verdade, que se dispõem a confrontar a vida, sem negá-la, e que vivem com integridade e amor à verdade.

Sou um guerreiro que luta
pela verdade e pela vida.

31 de julho

Como não fazer guerra

Duas coisas criam guerra. Uma é identificar-se com o guerreiro a ponto de pensar que a agressividade é o único caminho para se lidar com as coisas. Esse modo de pensar evidentemente fomenta a guerra. A segunda é negar a agressividade, projetá-la em outras pessoas e acabar criando guerra, pois você a rejeitou em si mesmo.

A única maneira de realmente criarmos a paz no mundo é não nos identificarmos com nenhuma dessas duas coisas e reconhecer e aceitar tanto o amante da paz quando o guerreiro dentro de nós.

*Eu valorizo o meu amante da paz
e o meu guerreiro.*

1º de agosto

A criança interior é a fonte da criatividade

É importante entrar em contato com a nossa criança interior, pois ela é a chave da nossa criatividade. As crianças pequenas geralmente são muito criativas porque ainda não têm nenhuma inibição. Elas usam a imaginação livremente. Adoram desenhar e pintar. Cantam musiquinhas. Dançam. São criaturas de uma criatividade mágica.

Todos nós somos assim também. Quando crianças, todos tivemos essa essência criativa mágica dentro de nós. Ao nos tornarmos adultos, nós a reprimimos. Só quando entramos em contato com a nossa criança interior é que damos vazão à nossa criatividade.

A minha criança interior criativa
está se revelando a fim de brincar.

2 de agosto

A chave da criatividade é ter disposição para se arriscar

A chave da criatividade é ter disposição para tentar alguma coisa, é se arriscar a fazê-la e ver o que acontece. A nossa criança interior criativa é a parte de nós que não tem medo de tentar coisas novas. Quando as crianças fazem desenhos, elas não se preocupam em saber se eles vão ficar do jeito exato que, aos olhos de algum crítico, deveriam ser. Elas desenham por prazer. É assim que alimentamos a energia criativa: sentindo a essência dessa criança dentro de nós e nos dispondo a tentar fazer coisas que sejam divertidas, prazerosas, empolgantes, novas e diferentes. Ao entrarmos em contato com a nossa criança interior, abrimos novas portas de criatividade dentro de nós, o que é extremamente divertido e compensador.

Ao me dispor a correr o risco de fazer coisas novas,
descubro a fonte da minha criatividade.

3 de agosto

Somos todos seres criativos

Muitas pessoas acham que não são criativas. Essa ideia é resultado de alguns condicionamentos que recebemos na infância. Alguém um dia nos disse que não éramos criativos e nós acreditamos. Ou então fomos alvo de tantas críticas ou desaprovação que ficamos com medo de tentar outra vez. De um jeito ou de outro, não recebemos estímulo e apoio para expressar a nossa criatividade natural, por isso chegamos à conclusão de que não somos criativos. Mas depois que rompemos as nossas ideias limitantes, os nossos bloqueios e os nossos medos, todos nós voltamos a ser seres criativos.

Eu sou
um ser criativo.

4 de agosto

Existem muitas maneiras de ser criativo

Muitas pessoas tendem a relacionar a criatividade a apenas alguns tipos de expressão. Todos sabemos que a arte, a dança e a música, por exemplo, requerem criatividade, mas não achamos necessariamente que administrar um negócio ou uma casa ou ser pai ou mãe de uma criança também são coisas que requerem criatividade. No entanto, essas são atividades muitíssimo criativas. Na verdade, educar uma criança é uma contribuição extremamente criativa que você faz ao mundo.

Para descobrir o quanto você é criativo, comece a pensar nas coisas que você faz que são prazerosas, naturais em você e não requerem nenhum esforço da sua parte. Você consegue ver os aspectos criativos dessas coisas? Consegue perceber que eles expressam uma faceta importante do seu ser?

Eu reconheço a criatividade
em todas as coisas que faço.

5 de agosto

Para ser criativo, você precisa se arriscar

Para ser criativo, é essencial que você assuma alguns riscos. Isso é mais fácil se você começar devagar. Faça apenas uma coisa nova e diferente. Fantasie sobre uma coisa criativa que você gostaria de fazer. Veja se pode dar um pequeno passo nessa direção, para colocar essa fantasia em prática.

Muitas pessoas acreditam que são velhas demais para tentar fazer alguma coisa nova; que se não começaram na infância agora é tarde demais. Nunca é tarde demais. Lembre-se, você não precisa mostrar para ninguém o que está fazendo. O que quer que esteja fazendo, é para si mesmo, para lhe inspirar alegria e uma sensação de liberdade.

*Hoje eu me arriscarei
a fazer algo novo e criativo.*

6 de agosto

O nosso corpo é uma forma criativa de expressão

Sabemos que cada um de nós é, em essência, um ser criativo, um ser espiritual que encarnou na forma física. Essa forma física é o nosso primeiro ato de criação. Quando mudamos interiormente, o nosso corpo, que é uma expressão do nosso espírito, também muda. Quanto mais você conhece, reconhece e expressa o seu espírito criativo, mais o seu espírito se mostra no seu projeto criativo principal: o seu corpo.

Observe as maneiras pelas quais você bloqueia a expressão do seu espírito e veja como isso se reflete no seu corpo. Ao remover esses bloqueios à sua expressão criativa, o seu corpo refletirá essa transformação.

O meu corpo é uma expressão
do meu espírito criativo.

7 de agosto

O crítico interior pode bloquear a criatividade

Quando somos adultos, o principal bloqueio à nossa criatividade é o nosso crítico interior, aquela parte de nós que critica mentalmente o que fazemos. O nosso crítico interior tem padrões de perfeição que incorporou do mundo à nossa volta, maneiras conforme as quais ele acha que as coisas deveriam ser feitas. A tarefa do crítico é nos criticar quando não fazemos as coisas do jeito que ele acha que *deveríamos* fazer. Para a maioria de nós, esse crítico interior é o que nos impede de assumir alguns tipos de risco de que precisamos para ser criativos.

Aqueles que permitiram a vazão do fluxo de criatividade em sua vida conseguiram, de um jeito ou de outro, deixar o crítico de lado por tempo suficiente para que a energia surgisse espontaneamente.

*Eu deixo a minha energia criativa
fluir na minha vida.*

8 de agosto

O perfeccionismo pode prejudicar a nossa criatividade

Se você é muito perfeccionista, pode achar difícil criar alguma coisa, pois nada lhe parece nem remotamente bom o suficiente. Você precisa desenvolver uma voz que se contraponha a isso, uma voz que o estimule a tentar fazer coisas sem se preocupar muito com os resultados. Pode ajudar se você tiver um "sistema de apoio à criatividade", uma pessoa ou várias da sua vida que o incentivem a tentar pôr em prática as suas ideias criativas, sem julgá-las. Como disse Maxwell Perkins, "Primeiro coloque sua ideia no papel, depois pense no que fazer com ela".

Minhas expressões criativas
não precisam ser perfeitas.

9 de agosto

Encontre uma nova direção para a sua criatividade

Muitas pessoas são criativas numa área da vida, mas não em outras. Se você é criativo em alguma área da sua vida, tem a vantagem de saber como permitir que esse canal criativo flua. Pense a respeito do que você faz nesse aspecto da sua vida. Se você toca algum instrumento musical ou dirige um negócio com criatividade, pense no que existe nessa área que faz com que você seja criativo. Como você consegue deixar o seu crítico interior de lado? Como você consegue confiar em si mesmo e se expressar?

Pense em como você pode usar o mesmo método em outras áreas da sua vida, como pode aplicá-lo em algo novo ou diferente, de modo que a sua criatividade possa fluir em uma nova direção.

Eu estou expressando a minha criatividade
em novas áreas da minha vida.

10 de agosto

A criatividade requer experimentação

O princípio fundamental da criatividade é expressar *algo*. Você tem que deixar as expressões fluírem. Tem que estar disposto a deixar que as coisas se expressem de maneiras que não sejam perfeitas ou maravilhosas. As pessoas criativas são aquelas dispostas a cometer erros. Quase todas as pessoas bem-sucedidas dizem que tiveram muito mais fracassos do que sucessos. Elas fizeram muitas tentativas que nem sempre funcionaram. Alguns desses fracassos lhes provocaram uma grande decepção, mas elas continuaram assumindo riscos e tentando.

Estou disposto a cometer erros
e a aprender com eles.

11 de agosto

Fique mais leve!

A criatividade requer brincadeira. Requer diversão. Requer espírito de aventura. Aprenda a olhar as coisas com um pouco mais de leveza e não leve nada muito a sério. Se nos levarmos demasiado a sério, não teremos espírito de aventura para explorar novos lugares.

Eu encaro o dia de hoje
com espírito de aventura.

12 de agosto

Processo de purificação criativa

Eis uma sugestão para eliminar alguns bloqueios e deixar a sua energia criativa fluir. Pegue várias folhas de papel e algumas canetas coloridas. Encontre um local tranquilo e reservado. Entre em sintonia com qualquer sentimento que lhe diga que você não é criativo. Pegue uma caneta colorida e escreva todos os seus pensamentos e sentimentos de dúvida e crítica com relação a si mesmo. Depois entre em sintonia com a sua voz interior criativa. Pegue uma caneta de outra cor e outra folha de papel e anote todos os sentimentos, ideias e fantasias da sua voz criativa. Numa terceira folha de papel, faça com uma caneta de outra cor um desenho de si mesmo (literal ou abstrato), expressando a sua criatividade no mundo. Não se preocupe em saber se o seu desenho é bom ou não. Deixe simplesmente que a sua criança criativa brinque um pouco.

A minha criança interior
criativa está se divertindo.

13 de agosto

A criatividade inspira alegria e espontaneidade

O propósito de cuidar da nossa criatividade é nos dar prazer. É nos dar a sensação de sermos um canal pelo qual a força criativa se expressa neste mundo. Se mantivermos esse enfoque em tudo o que fizermos, começaremos a tirar a ênfase da necessidade de fazer tudo de maneira perfeita ou de atingir os resultados esperados. Começaremos a ter o mesmo tipo de prazer que têm as crianças quando espontaneamente se deixam levar pelo fluxo de energia e fazem o que sentem.

*Eu deixo a energia criativa
fluir através de mim.*

14 de agosto

Fantasie

Todos temos fantasias sobre como seria se pudéssemos fazer só o que tivéssemos vontade. Dê a si mesmo uma chance de fantasiar livremente. Divirta-se com isso! Pergunte a si mesmo: que tipo de coisa eu adoro fazer? O que é fácil para mim? O que me parece divertido? O que faço tão naturalmente que nem sequer tenho que pensar? Como eu poderia expandir isso? Será que eu conseguiria sobreviver fazendo as coisas que acho mais divertidas e agradáveis? Tente não se impor limites. Esteja aberto para todas as possibilidades que você nunca se permitiu imaginar. Hoje, explore e expresse as suas fantasias mentalmente, por escrito, desenhando ou conversando com alguém.

Eu estou me deliciando com
as minhas fantasias criativas.

15 de agosto

Tente algo diferente

Procure maneiras simples de se expressar de um jeito mais criativo e diferente. Não tenha expectativas muito altas que o desanimem. Comece com coisas simples. Faça algo que lhe pareça divertido e relativamente fácil e agradável. Depois se cumprimente por isso. Se você começar devagar, fazendo coisas simples, logo acabará fazendo exatamente o que precisa. Divirta-se enquanto isso.

O que existe de mais importante por trás disso é a ideia de que você pode fazer as coisas do modo como sempre fez, coisas seguras, mas também um pouco enfadonhas e entediantes, ou pode tentar algo novo e diferente. Não fazemos coisas novas porque o nosso eu protetor tem medo de que isso não seja seguro para nós. Mas se garantirmos a essa parte de nós que não há perigo e não fizermos várias coisas de uma só vez, podemos incluir muito mais entusiasmo e diversão na nossa vida.

Hoje tentarei fazer
algo diferente.

16 de agosto

Criatividade é a soma do masculino com o feminino

A criatividade é uma mescla de energias masculinas e femininas. É a recepção dessa força criativa (feminina) e a expressão dela (masculina). Ao dizermos que uma pessoa é criativa, por exemplo, estamos normalmente nos referindo ao fato de ela ser mais feminina, espontânea, menos estruturada e "artística". Mas, na verdade, a criatividade é a capacidade de manifestar o espírito criativo no mundo físico. É na realidade uma integração dos dois princípios. Ter uma capacidade criativa, mas não manifestá-la, não é ser criativo. E produzir sem se ligar à fonte tampouco é criatividade. A verdadeira criatividade requer tanto um livre fluxo de inspiração quanto uma grande disciplina.

Eu manifesto a minha criatividade por meio
da inspiração e da disciplina.

17 de agosto

Conecte-se com a sua energia feminina

Encontre um local tranquilo, ao ar livre ou num ambiente fechado, onde haja espaço suficiente para você se movimentar e ninguém vá perturbá-lo. Fique numa posição confortável, com os joelhos levemente dobrados. Respire fundo e bem devagar. Imagine a energia feminina nutriz da Terra entrando pela sola dos seus pés e preenchendo todo o seu corpo. Comece a andar ou a se movimentar, sentindo a energia feminina no seu corpo. Sinta-se aberto, sensual, receptivo, intuitivo, poderoso. Sinta a sua conexão com tudo que está à sua volta. Se você for mulher, imagine que é uma deusa. Se for homem, imagine que tem uma deusa dentro de você. Movimente o seu corpo com a energia dessa deusa.

Eu deixo que a energia feminina
flua através de mim.

18 de agosto

Conecte-se com a sua energia masculina

Encontre um local tranquilo, ao ar livre ou num ambiente fechado, onde haja espaço suficiente para você se movimentar e ninguém vá perturbá-lo. Fique numa posição confortável, com os joelhos levemente dobrados. Respire fundo e bem devagar. Imagine que você está inspirando energia masculina através de todas as células do seu corpo. Preencha-se totalmente com essa energia masculina. Comece a andar ou a se movimentar com tal energia. Sinta-se forte, lúcido, focado, poderoso. Sinta a sua individualidade, o que você tem de diferente com relação a todas as outras pessoas à sua volta. Se você for homem, imagine que é um deus. Se for mulher, imagine que tem um deus dentro de si. Movimente o seu corpo com a energia desse deus.

Eu deixo a minha energia masculina
fluir através de mim.

19 de agosto

Equilibre as suas energias masculina e feminina

Observe a diferença entre sentir a sua energia feminina circulando pelo corpo e sentir a sua energia masculina circulando por ele. Perceba como você se relaciona de modo diferente com o ambiente a partir de cada uma dessas duas perspectivas. As duas são importantes, as duas são poderosas. Brinque com essas duas energias na sua vida, deixe que elas venham à tona quando você precisar delas. Experimente evocar as duas ao mesmo tempo para ver se consegue equilibrá-las.

*Estou descobrindo o equilíbrio entre
as energias masculina e feminina em minha vida.*

20 de agosto

O processo criativo é cíclico

O processo criativo é cíclico. Ele oscila entre as energias feminina e masculina. Isso não significa que você deva tentar estar o tempo todo em equilíbrio. Geralmente você se alterna entre esses dois pontos, ficando algum tempo em cada um deles. É importante encontrar um equilíbrio. Ao tomar mais consciência de cada uma dessas energias, você começa a perceber qual delas está expressando no momento. O truque é aprender a reconhecer quando você está há tempo demais expressando uma delas e ser capaz de expressar a outra.

Estou me conscientizando das minhas oscilações
entre as energias feminina e masculina.

21 de agosto

Energia masculina em excesso

A energia masculina, quando começa a fluir, tende a não parar mais. Depois de um tempo, você fica sem. É como se você estivesse consumindo mais do que produzisse ou como se estivesse lutando, se esforçando, ficando cansado ou sem energia. É um aviso de que você já foi longe demais e precisa parar e começar a dar mais vazão à sua energia feminina. Às vezes, tal aviso vem por meio da sensação de não saber o que fazer. A energia masculina fica frenética, porque tudo o que ela sabe é *fazer*. Ela vai querer continuar fazendo coisas, embora isso não seja o mais apropriado. Se você não a detiver, pode entrar num estado depressivo ou ficar doente. De algum modo, você será forçado a se reequilibrar.

Estou aprendendo a reconhecer
a minha energia masculina.

22 de agosto

Energia feminina em excesso

Quando deixamos a energia feminina ativa por tempo demais, a nossa produtividade cai. Podemos ter muitas ideias criativas, mas elas não saem da fase de planejamento, não assumem a forma física. A energia feminina teme os compromissos que se tornam necessários quando uma ideia é colocada em prática. Nas fantasias, as nossas ideias são sempre perfeitas. Quando temos que colocá-las no papel, precisamos encarar o fato de que podemos fracassar. Ao preferirmos nos manter na perfeição da fantasia é porque conservamos a nossa energia feminina ativada por tempo demais.

Estou aprendendo a reconhecer
a minha energia feminina.

23 de agosto

Um tempo para a exploração

Nos papéis feminino e masculino tradicionais, os homens identificavam-se completamente com a sua energia masculina e as mulheres com a sua energia feminina. Nós todos estávamos presos a papéis rígidos, expressando apenas metade do nosso potencial e negando a polaridade oposta. Os homens sofriam tanto quanto as mulheres por negarem um lado da sua psique. Enquanto as mulheres se sentiam desprovidas do seu poder no mundo, os homens viviam apartados dos seus sentimentos e eram incapazes de viver a intimidade, o que é extremamente doloroso. Felizmente, vivemos numa época em que estamos finalmente livres para explorar e expressar todos os aspectos de quem somos.

Eu estou explorando e expressando
todos os aspectos do meu ser.

24 de agosto

O desafio dos nossos tempos

Quando se trata de viver o papel feminino ou masculino, vivemos numa época desafiadora, mas confusa. Agora estamos livres para explorar as polaridades opostas, porém temos dificuldade para encontrar o equilíbrio. Muitas mulheres desenvolveram as suas energias masculinas, e muitos homens cultivaram os seus aspectos femininos. Agora muitos de nós se sentem de certo modo presos a essas novas polaridades. Agora as mulheres se perguntam como podem ser poderosas e bem-sucedidas no mundo lá fora e ainda assim ter intimidade emocional e sexual, um lar e uma família. E os homens estão tentando descobrir como ser sensíveis, vulneráveis e capazes de expressar os seus sentimentos, sem negar a sua energia de poder e agressividade.

Estou descobrindo um equilíbrio entre
as minhas energias feminina e masculina.

25 de agosto

Integrando o masculino e o feminino na mulher

As mulheres representaram o seu papel feminino tradicional por tanto tempo — papel que consistia em ficar em casa com a família e ser a responsável por cuidar de todos — que muitas delas agora estão debandando para o extremo oposto. Elas enfrentaram um ambiente extremamente masculino, entraram no mundo dos negócios, e se tornaram pessoas decididas e voltadas para a sua carreira profissional. Passaram a dar muito pouca atenção à casa, à família e aos relacionamentos — todos esses papéis tradicionais.

Mas esse é um extremo e por isso agora inúmeras mulheres estão percebendo que querem encontrar o equilíbrio. Querem se sentir satisfeitas e preenchidas tanto na vida profissional quanto na vida pessoal. É um objetivo desafiador, mas necessário e possível de atingir.

Estou descobrindo satisfação no meu trabalho
e nos meus relacionamentos.

26 de agosto

Integrando o feminino e o masculino nos homens

Muitos homens estão se sentindo extremamente perdidos nesta época em que os papéis estão sendo questionados. Os homens estão enfrentando um grande dilema: como ser sensíveis e desenvolver o seu lado feminino sem perder a sua masculinidade. Isso é algo que está deixando-os desnorteados. Eles parecem não saber como apoiar a si mesmos e as mulheres da vida deles também parecem não saber como apoiá-los muito bem. Inúmeros homens hoje em dia expressaram o seu lado feminino, ou seja, a sensibilidade, a intuição, a vulnerabilidade e a emoção. Mas não existem exemplos de pessoas que mantiveram esse lado sem perder o seu lado masculino. Precisamos perceber que se trata de um grande desafio.

*Eu sou sensível
e poderoso.*

27 de agosto

O novo homem

O que é a masculinidade? O que é ser um homem — um ser integrado, masculino e feminino — num corpo masculino? Os homens têm poucos modelos do que seria o novo macho. Aqueles que estão em busca dessa definição e encarando a si mesmos são na verdade os novos modelos. É a sua própria intuição desse conhecimento que vai lhes ditar o que têm de fazer. Eles não podem esperar que as mulheres da vida deles lhes digam o que fazer. Eles têm que encarar a sua própria verdade e uns aos outros. Os homens precisam dar-se mutuamente uma grande dose de apoio emocional.

As mulheres estão sempre muito ocupadas tentando descobrir o que têm de fazer para ajudar os homens. Mas isso não cabe a elas. Cabe às mulheres resolver seus próprios problemas.

Homens: Estou me tornando um homem integrado.
Mulheres: Eu respeito e valorizo os homens da minha vida.

28 de agosto

A nova mulher

O que é a feminilidade? O que é ser mulher — um ser feminino/masculino integrado — num corpo feminino? A tarefa das mulheres é deixar de lado esse jeito sutil que até as mulheres liberadas da Nova Era inconscientemente têm de querer "endireitar" os homens, tentar consertá-los ou encaminhá-los. Precisamos comunicar de modo direto e honesto ao homem da nossa vida o que queremos e o que não queremos, do que gostamos ou do que não gostamos e como nos sentimos. Depois precisamos nos voltar para nós mesmas e buscar a integração dos nossos eus feminino e masculino. Isso é muito difícil, porque realmente gostamos de nos focar nos homens.

Mulheres: Eu estou focada no meu processo interior.
Homens: Eu respeito e valorizo as mulheres da minha vida.

29 de agosto

Entusiasmo

O entusiasmo é uma qualidade que surge naturalmente do fluxo de força vital dentro de nós, levando-nos na direção de novas experiências e descobertas. Para muitos, essa qualidade foi abafada na infância, quando não tínhamos permissão ou incentivo para seguir os nossos impulsos criativos espontâneos. Podemos começar a cultivar o entusiasmo confiando e seguindo a nossa intuição, buscando novas experiências e fazendo coisas que realmente gostamos de fazer.

Eu tenho entusiasmo
pela vida.

30 de agosto

A vida nos mostra o que precisamos saber

Siga ideias e impulsos criativos. Faça o que o seu coração mandar. Ao agir assim, você será guiado na direção do que precisa fazer. Viver a sua vida desse jeito, deixando-se guiar, não significa que você não cometerá erros nem terá fracassos. Significa, isso sim, que terá muito mais chance de viver uma vida mais rica e cheia de poder. Mas você precisa estar disposto a deixar para trás coisas que não funcionem mais e persistir naquilo que está funcionando.

Eu confio no processo
de seguir a minha criatividade.

31 de agosto

A vida é um processo de aprendizado

Para que a sua vida corra bem, você precisa ter consciência do que não está funcionando. Ao se dispor a seguir os seus processos espirituais e psicológicos, você aprende e cresce continuamente com essas experiências. Procure aprender com as situações que a vida lhe traz quando as coisas não estiverem funcionando bem para você, em vez de ser apenas uma vítima. Reconheça que, quando as coisas não estão indo bem externamente, isso é um reflexo de algo que não está funcionando interiormente. Algumas peças estão faltando ou existe algo que você precisa perceber.

Quando nos comprometemos com a nossa vida dessa maneira, somos capazes de fazer das piores situações experiências de aprendizado. Assim que damos um passo no nosso processo de crescimento pessoal, as coisas começam a funcionar melhor no plano físico. Faça esse trabalho. E as coisas começarão a mudar.

Eu uso as situações da minha vida
para mudar e crescer.

1º de setembro

A verdadeira riqueza é simples e equilibrada

Para muitas pessoas, uma conta bancária polpuda e bens materiais são como um vício. Estamos tentando preencher o vazio interior com coisas, e não com o que realmente queremos e precisamos, mas não temos, como amor, contato emocional e autoexpressão criativa. Quanto mais conscientes e integrados nos tornamos, mais a nossa vida reflete isso com intimidade, amor, satisfação criativa e plenitude, e menos impulso sentimos para acumular dinheiro e bens materiais.

Quando acompanhamos o fluxo da nossa energia natural, a vida fica muito mais simples e equilibrada. Temos em abundância tudo o que o nosso coração poderia desejar, mas não acumulamos excesso. Não estamos desperdiçando nada; só não estamos usando recursos de que realmente não precisamos.

Eu dou a mim mesmo as coisas de que
realmente preciso e vivo com simplicidade.

2 de setembro

O dinheiro é um espelho

O seu relacionamento com o dinheiro pode ser encarado da mesma maneira que você encara os outros relacionamentos: como um poderoso reflexo do seu processo de integração de todas as energias dentro de si. O dinheiro reflete o seu relacionamento com a sua energia criativa.

O dinheiro, por si só, não é nada. É algo simbólico. Ele representa a energia criativa. A maneira como ele flui na sua vida tem a ver com o jeito como a sua energia vital flui. O modo de lidar com essa energia se refletirá na maneira como o dinheiro vem até você.

Como é o fluxo de dinheiro na minha vida?
Ele estaria refletindo o modo como a minha energia está fluindo?

3 de setembro

O modo como a energia masculina aborda o dinheiro

O modo como a energia masculina aborda o dinheiro está focado no físico, na execução de tarefas no mundo físico. Isso tende a produzir dinheiro. Homens e mulheres com uma forte energia masculina normalmente são capazes de ganhar dinheiro e usá-lo de maneiras práticas. Mas o sentimento por trás disso é que eles estão ganhando dinheiro com o seu próprio esforço. Eles muitas vezes estão desconectados do poder do universo, por isso têm que lutar e trabalhar muito e com frequência acabam exaustos e sem energia. Eles também perdem a intimidade, a alegria, a diversão e o prazer que a vida oferece.

Se você está identificado demais com a energia masculina, o dinheiro não significa prazer na sua vida; só trabalho árduo, sobrevivência e responsabilidades.

Será que levo demasiadamente a sério
a minha relação com o dinheiro?

4 de setembro

O modo como a energia feminina aborda o dinheiro

Os homens e as mulheres que estão mais identificados com sua polaridade feminina são geralmente mais criativos, artísticos e espontâneos. Eles podem ter uma tendência para serem pouco práticos com relação ao dinheiro e terem pouca disposição para tratar de detalhes. Não querem equilibrar a sua conta bancária nem fazer economia porque acham que tais detalhes os limitam ou reprimem a sua liberdade. Tendem a gastar demais e depois ficam com problemas financeiros. Podem cultivar a filosofia de que o universo os provê de tudo de que precisam, o que é uma verdade espiritual, mas, se você está fora de equilíbrio, essa filosofia pode levá-lo à bancarrota. Muitas vezes, esse tipo de pessoa tem dificuldade para usar a sua energia no mundo de um jeito eficiente, ou seja, ela representa o papel clássico do artista sem um tostão furado no bolso.

*Costumo ser bem pouco prático
com relação a dinheiro?*

5 de setembro

O conflito relacionado a dinheiro

As duas polaridades da energia masculina e feminina são muitas vezes espelhadas, num relacionamento, em conflitos relacionados a dinheiro. Um parceiro pode ser consciencioso, prático e muito responsável com relação a dinheiro, enquanto o outro pode ser perdulário e cabeça fresca. Esse conflito pode causar problemas dolorosos caso os parceiros não reconheçam que estão refletindo o que o outro precisa desenvolver e comecem a cultivar a polaridade oposta.

Eu tenho conflitos com alguém com relação a questões de dinheiro?
O que isso está refletindo para mim?

6 de setembro

Por que você precisa controlar o dinheiro?

Se você tende a ser obsessivo ou controlador com relação a dinheiro, pergunte a si mesmo o que aconteceria se você relaxasse um pouco com relação a isso. Que tal se você deixasse a coisa fluir? Para uma personalidade super-responsável com relação a dinheiro, o medo é que relaxando você se tornará vulnerável. É fácil sair por aí e fazer as coisas, mas você terá dificuldade para receber. Receber significa se abrir para a vulnerabilidade. Isso também significa entrar em contato com um tipo mais leve de abordagem, não se preocupar tanto, não levar as coisas tão a sério. Você não tem que carregar o fardo de uma responsabilidade tão pesada. Se você aprender a confiar e a relaxar mais, o universo pode tomar conta de você.

Estou aprendendo a relaxar e
a confiar que o universo cuidará de mim.

7 de setembro

O que o assusta com relação a dinheiro?

S e você tem dificuldade para lidar com dinheiro de maneira responsável, pergunte a si mesmo por que lidar com dinheiro é tão assustador para você. Que parte de você está assustada? Qual dos seus eus você está negando? Para a personalidade mais espontânea, criativa, infantil, quase sempre existe o medo de crescer, pois crescer significa perder a sua magia. A tarefa de lidar com os detalhes cotidianos da vida, incluindo os financeiros, de maneira adulta e responsável, pode parecer algo que restringe o espírito criativo.

Mas a forma (dinheiro) e o espírito (criatividade) não precisam ser inimigos. Entenda que a função da forma é apoiar o espírito no mundo físico e possibilitar que ele viva ali de maneira confortável e positiva. Aprender a lidar com o dinheiro de maneira sábia e realista na verdade ajudará o seu espírito criativo a se expressar de maneira mais eficiente no mundo.

Quando lido com dinheiro de modo mais responsável,
tenho mais criatividade e liberdade.

8 de setembro

Aceite a sua responsabilidade com relação ao dinheiro

Quando se trata de dinheiro, não adianta agir como uma criança e querer que outra pessoa faça o papel de pai responsável. Se você não assume a responsabilidade pelo seu próprio dinheiro, não importa o quanto tenha ou seja capaz de ganhar na vida, alguém tirará vantagem de você e o fará perder o que tem, ou você acabará provocando algum tipo de situação negativa. Você precisa assumir a responsabilidade pelo seu dinheiro e aprender o suficiente para poder tomar decisões inteligentes. Ative o seu "gerente financeiro" interior e esteja aberto para aprender o que precisa com outras pessoas que sabem como lidar com o dinheiro com sabedoria.

*Estou aprendendo a lidar com
o meu dinheiro com eficiência e sabedoria.*

9 de setembro

A necessidade de dinheiro pode ser uma força motriz

À s vezes fazemos coisas só porque precisamos de dinheiro. Pode parecer uma motivação negativa, mas também pode ser o universo em ação. Tal motivação pode nos forçar a sair pelo mundo a fim de aprender algo ou a fazer um trabalho criativo que de outra maneira não faríamos. Se você precisa de dinheiro, isso pode ser o universo guiando-o para fazer uma determinada atividade que o ajudará a crescer. Ganhar dinheiro com essa atividade é o jeito que o universo encontrou de lhe dizer que você está fazendo a coisa certa. Enquanto ouvir a sua orientação interior e fizer o que ela diz, você se beneficiará dessa experiência.

*Será que a necessidade de ganhar dinheiro está
me guiando para uma importante experiência de aprendizado?*

10 de setembro

Empenhe-se para ter uma carreira profissional gratificante

Às vezes, pode ser apropriado ter um emprego só para pagar as contas. Ele pode lhe dar a estabilidade de que você precisa na época e as competências que está desenvolvendo podem ser úteis mais tarde. Se você está sendo obrigado a aceitar um trabalho que não lhe parece o ideal, é provável que as habilidades ou a experiência que ele oferece serão valiosas para o trabalho que realmente fará sentido na sua vida.

Tudo o que faço está contribuindo para o trabalho realmente significativo que é o meu propósito na vida.

11 de setembro

O dinheiro não nos pertence de fato

O dinheiro é um símbolo do fluxo de energia vital que provém da fonte infinita. Quanto mais você confia e segue a sua própria energia, mais o dinheiro renderá na sua vida que então entrará em equilíbrio.

Podemos aprender a ouvir o que sentimos como uma força maior e fazer o que ela nos sugere. É essa força maior que nos fará ter dinheiro.

Enquanto eu ouvir a minha orientação interior,
o dinheiro fluirá para a minha vida.

12 de setembro

O verdadeiro sucesso

O que significa o verdadeiro sucesso? É simplesmente ter um negócio bem-sucedido e ganhar muito dinheiro? Ou o sucesso consiste numa vida equilibrada, integrada, em que você tem plenitude e felicidade? Uma parte do sucesso consiste em realizar algo, oferecer algo ao mundo e, em troca, ganhar respeito, consideração e dinheiro. Mas o modelo de fazer negócios que a nossa sociedade tem não dá espaço para outras coisas — como ter uma vida familiar satisfatória ou uma saúde perfeita.

Eu defino o sucesso do meu próprio jeito,
de acordo com o que me traz satisfação e felicidade.

13 de setembro

Cada trabalho contribui para o todo

Existe uma necessidade humana básica de sentir que estamos servindo ao todo e contribuindo com o mundo de algum modo. À medida que a nossa sociedade foi se tornando mais complexa, muitos de nós já não sabem mais de que maneira o seu trabalho está ligado ao resto do mundo e contribui com ele. Isso leva a um sentimento de insatisfação e de vazio — uma espécie de "bancarrota emocional". Não importa que tipo de trabalho você faça: você está prestando um serviço importantíssimo. Pense um pouco no que você faz e tente perceber de que modo está contribuindo para o mundo. Veja a conexão direta entre o seu trabalho e as outras pessoas. Só assim você se sentirá realmente preenchido e satisfeito com o seu trabalho.

*Por meio do meu trabalho eu estou
contribuindo com o mundo.*

14 de setembro

O trabalho não tem que ser uma luta

Muitos de nós têm um sistema de crença segundo o qual o trabalho exige sacrifício e privação. Temos que lutar muito e trabalhar arduamente para sobreviver; esperar que o trabalho seja totalmente gratificante é uma ilusão. Precisamos deixar de lado essa ideia obsoleta. Temos o direito de ter um trabalho que tenha um significado especial para nós. Temos de cultivar um novo sistema de crença segundo o qual a vida possa ser plena e o nosso trabalho seja uma parte empolgante e realmente apaixonante da nossa vida. Podemos esperar e criar isso em nosso mundo.

*O meu trabalho é uma parte empolgante
e apaixonante da minha vida.*

15 de setembro

Seja um trabalhador do universo

Para servir ao bem maior basta que você faça exatamente o que mais gosta de fazer. É compartilhando a sua paixão com o resto do mundo e fazendo as coisas que lhe dão entusiasmo que a sua alma se expressa no mundo físico. Esse sempre será o maior serviço que você pode prestar ao planeta. A vida se torna um círculo virtuoso quando você faz o que gosta e também presta um serviço às outras pessoas. A satisfação de servir o universo é a sua maior recompensa.

Estou servindo a um poder maior.
Estou fazendo o que ele me orienta a fazer.

16 de setembro

O seu poder maior provê tudo de que você precisa

Depois que você tomou a decisão de servir ao seu bem maior, esse poder maior se incumbe de provê-lo de tudo o que você precisa para realizar o trabalho necessário. O seu poder maior sempre lhe traz a pessoa certa de que você precisa para fazer uma determinada coisa ou lhe dar o conselho correto. O dinheiro vem na medida em que você precisa dele para cumprir a sua tarefa. Desde que você continue a pedir e a ouvir a orientação sobre o propósito da sua vida, você receberá tudo de que precisa para cumpri-lo.

Estou aprendendo a acreditar que
o meu poder superior me proverá de tudo o que preciso.

17 de setembro

Tempo para o que é importante

Só podemos ter satisfação no trabalho na medida em que temos satisfação também em outras áreas da nossa vida. Para ter uma vida profissional bem-sucedida, também precisamos levar em conta outras coisas que são importantes na nossa existência, como um período exclusivo para nós mesmos, os momentos de intimidade que passamos na companhia da pessoa amada, o tempo que dedicamos a atividades físicas, os momentos de lazer ou de puro divertimento. Organizar a agenda diária, semanal ou mensal de modo a incluir todos esses elementos pode ser uma boa maneira de garantir um tempo para cada atividade que você queira fazer na vida. Esse é um sinal de que você se valoriza o bastante para dar a si mesmo o tempo de que precisa para tudo o que lhe é importante.

Eu reservo um tempo para tudo
o que é realmente importante na minha vida?

18 de setembro

Crie uma estrutura que lhe dê suporte

Se formos deixados por nossa própria conta, a maioria de nós, na sociedade moderna, simplesmente não é capaz de criar naturalmente um estilo de vida que inclua todos os elementos de que precisamos. Temos de criar conscientemente uma estrutura, tanto em questão de tempo quanto de dinheiro, para nos dar suporte enquanto buscamos o equilíbrio e a integração. Isso significa considerar conscientemente o que precisamos incluir e depois organizar o nosso tempo e o nosso orçamento de modo a poder incluir essas coisas. Não se trata de algo que simplesmente aconteça. Temos que criar essa estrutura.

Como posso começar a organizar meu tempo e meu orçamento de maneira realista e incluir os elementos de que preciso?

19 de setembro

Tempo estruturado

O tempo também precisa ser estruturado na nossa rotina de trabalho, pois o trabalho inclui elementos diferentes. Por exemplo, no seu trabalho você pode precisar de tempo para fazer negócios, tempo para lidar com outras pessoas, tempo para ser criativo e tempo para fazer o serviço burocrático. Pode ser muito útil organizar o seu horário de modo que você possa ter parte do dia para trabalhar sozinho na sua escrivaninha e parte do dia para se comunicar com outras pessoas, da maneira que funcione melhor para você.

Eu estruturo a minha rotina de trabalho
de um modo que favorece o meu equilíbrio.

20 de setembro

A motivação criativa vem tanto de dentro quanto de fora

A criação de qualquer coisa, seja ela uma pintura, uma música, um novo produto ou um relatório anual, é resultado de duas forças: uma inspiração interior e uma necessidade exterior. Às vezes, a motivação interior vem primeiro, mas há casos em que as pressões externas dão início ao processo criativo que você não começou interiormente.

O processo criativo é uma interação entre o impulso criativo interior e as realidades práticas que vêm de fora. Ao fazermos algo só por causa de uma motivação exterior, perdemos a nossa inspiração e começamos a criar coisas de pouca profundidade ou valor. Se deixarmos essa situação ir longe demais, perdemos a nossa fonte criativa. Por outro lado, não podemos simplesmente produzir num vácuo, sem alguma motivação exterior. Temos que equilibrar os dois. Muitas vezes, um fator externo se torna um catalisador para mover o processo criativo que estava paralisado interiormente.

A minha criatividade é estimulada
por fatores interiores e exteriores.

21 de setembro

Conflito interior

De tempos em tempos, todos temos uma quantidade considerável de conflitos interiores na nossa vida. O conflito interior tem origem em várias partes da nossa personalidade, que precisam de coisas diferentes e as querem ao mesmo tempo. Em vez de pensar que devemos resolver esse conflito escolhendo uma ou outra opção e eliminando o resto, precisamos tentar expandir a nossa consciência para abarcar novas possibilidades.

O truque é tomar consciência de todas as diferentes necessidades, sentimentos e forças que temos dentro de nós e os expandir para contê-los todos, sem saber como esse conflito será resolvido. Esteja disposto a abarcar todas as polaridades do seu conflito interior na consciência, sem tentar resolvê-lo imediatamente. Então, de algum lugar da sua consciência e percepção, uma solução e uma integração virão de alguma parte superior do seu ser.

Estou consciente de todos os lados do conflito
que existe dentro de mim.

22 de setembro

Substitua "e" por "ou"

O mais doloroso num conflito é achar que temos que sacrificar uma parte do que queremos ou do que precisamos a fim de conseguir a outra. É muito difícil ver, com a nossa mente lógica e racional, que pode haver outra escolha. Estamos tão acostumados a pensar de um modo linear que achamos que, se queremos uma coisa, então precisamos desistir de outra. Mas podemos ter ambas. Não é algo que aconteça instantaneamente, mas, se estivermos dispostos a ter paciência e persistirmos até o fim do processo, o universo nos dará a essência de tudo o que precisamos.

*Eu posso ter tudo de que realmente
preciso e quero nesta vida.*

23 de setembro

Fique em conflito conscientemente

Se você está em conflito, continue assim por algum tempo. Fique tão consciente quanto possível de todos os seus sentimentos e partes conflituosas. Abarque a todos. Depois peça à mais elevada inteligência criativa dentro de você para encontrar uma maneira de resolver e integrar todos os importantes aspectos de si mesmo, em vez de ter que escolher entre um e outro. Não espere uma solução instantânea. Dê tempo para que o seu processo avance organicamente. A sua orientação interior lhe fará tomar consciência do seu próximo passo.

Estou dando tempo, conscientemente,
para que os meus conflitos interiores se resolvam organicamente.

24 de setembro

Indo a extremos

Há momentos, no processo de restabelecer o equilíbrio e a integração, em que é conveniente ir a um extremo, especialmente se for o extremo oposto daquele que você já explorou ou desenvolveu. Não há nada errado caso seja isso que a sua intuição lhe diz ser necessário e se é isso o que lhe parece apropriado e correto no momento. Mais cedo ou mais tarde, a vida afastará você de qualquer extremo, aproximando-o do equilíbrio entre ambas as polaridades. Logo que encontrar um ponto confortável de um dado espectro, você poderá vivenciar todas as experiências que ele possibilita.

Sou livre para explorar todo
o espectro das experiências da vida.

25 de setembro

Esteja consciente das suas polaridades

Quanto mais você está em contato com as polaridades opostas dentro da sua personalidade, mais consciente você é. Quando começar a ir longe demais numa direção, você sentirá a outra parte puxando-o de volta para o equilíbrio. E se você também for longe demais nessa direção, a primeira polaridade o puxará de volta outra vez. Você sentirá um equilíbrio, um fluxo e uma integração cada vez maiores dentro de você, os quais serão refletidos em todos os aspectos da sua vida.

*Eu estou consciente das muitas
energias opostas dentro de mim.*

26 de setembro

Descubra qual é a lição

O universo lhe revela no que você precisa manter o foco. Ele lhe dá algumas cutucadinhas. Se você aprendeu a reconhecer esses sinais, então vai perceber bem rápido o que não está em equilíbrio na sua vida. Mas a maioria de nós não sabe reconhecer as pequenas cutucadas que o universo nos dá, por isso ele tem que nos dar um empurrão. Até que um dia estamos apanhando na cara ou sendo nocauteados. E algumas pessoas têm que literalmente ir à lona antes de se disporem a ver a necessidade de mudança e a possibilidade de crescimento.

Tente cultivar a ideia de que os problemas que surgem na sua vida são na verdade dádivas da alma tentando chamar a atenção para as coisas que não estão em equilíbrio. Assim a vida fica menos traumática. Você pode imediatamente olhar um problema e perguntar, "O que eu preciso aprender com esta situação?"

O que o universo está tentando me dizer?
Hoje eu me abrirei para ouvir a sua mensagem.

27 de setembro

O conflito exterior é um reflexo do conflito interior

A maioria dos conflitos nos relacionamentos ou nas situações da vida são projeções de conflitos interiores. As pessoas com quem estamos em conflito normalmente estão espelhando algumas partes nossas com as quais não nos sentimos muito à vontade ou não nos acertamos.

Por exemplo, as pessoas que estão sempre arranjando problemas com as autoridades negam ou não aceitam as partes autoritárias em si mesmas. As pessoas que estão muito identificadas com a voz autoritária estruturada provavelmente atrairão pessoas rebeldes — particularmente seus filhos.

Essa situação não mudará até que estejamos dispostos a ver os conflitos exteriores como espelhos dos nossos conflitos interiores. Quando tomarmos consciência de todos os nossos aspectos e os aceitarmos, os conflitos exteriores se dissiparão.

Estou aprendendo a ver os conflitos exteriores
como espelhos dos meus próprios conflitos interiores.

28 de setembro

O conflito mundial é um reflexo do conflito interior

O conflito nacional ou internacional é uma projeção em massa de todos os conflitos interiores individuais e dos conflitos internos que podem existir dentro de uma sociedade em particular. Nós projetamos partes desses conflitos em outras pessoas, outras culturas e outras raças, e depois saímos pelo mundo e começamos guerras e conflitos com elas. Tudo isso reflete os conflitos interiores que temos. Se observarmos os lados opostos dos conflitos internacionais, vamos ver o que cada país ou cultura está rejeitando em sua própria sociedade. Os conflitos mundiais não acabarão até que cada sociedade aceite e permita que todas as diferentes energias arquetípicas encontrem expressão.

Como os conflitos mundiais da atualidade podem estar refletindo os meus conflitos interiores?

29 de setembro

As polaridades dos países desenvolvidos e em desenvolvimento

Os países do terceiro mundo são, todos eles, culturas mais enraizadas no princípio feminino do que os países desenvolvidos. Eles têm uma conexão maior com a Terra, com a intuição, com o espírito. Mas eles não são tão desenvolvidos do ponto de vista tecnológico. Eles não têm o aspecto masculino que lhes permitiria encontrar o seu lugar ao sol no mundo lá fora. Em resultado, eles sofrem. São invadidos e explorados pelas culturas dominadas pela energia masculina. As nações industrializadas sofrem também com a falta de conexão com a Terra. Ambos os lados têm que aprender um com o outro. Precisamos de equilíbrio. O mundo precisa de equilíbrio.

*Ao encontrar equilíbrio dentro de mim, eu ajudo
o mundo a ficar mais equilibrado.*

30 de setembro

Imagine equilíbrio e harmonia

Fique numa posição confortável. Relaxe, feche os olhos e respire fundo e bem devagar algumas vezes. Leve a consciência para um lugar tranquilo no fundo do seu ser. Comece a imaginar como seria a sua vida se ela estivesse realmente em equilíbrio e harmonia. Depois que conseguir apreender essa possibilidade, comece a expandi-la para imaginar as pessoas à sua volta, a sua comunidade e o seu país, todos encontrando o equilíbrio entre si e com a Terra. Por fim, imagine o mundo todo vivendo em equilíbrio e harmonia.

*O mundo está entrando
em equilíbrio e harmonia.*

Primavera

1º de outubro

Precisamos de relacionamentos

O nosso relacionamento mais importante é com nós mesmos. Em última análise, esse é o único relacionamento que pode lançar os alicerces para que sejamos pessoas inteiras. É dentro de nós que precisamos buscar integração e equilíbrio. E, ao mesmo tempo, precisamos de relacionamentos com outras pessoas para sermos felizes e termos uma vida gratificante. Se procurarmos a inteireza e a completude apenas dentro de nós, negaremos as partes de nós que também precisam de outras pessoas.

Os seres humanos são criaturas sociais. Do ponto de vista físico, emocional, mental e espiritual, precisamos muito de um contato próximo com outras pessoas. Precisamos do amor, do apoio, da compreensão, do reconhecimento e do estímulo que os outros refletem para nós.

Eu me empenho para cultivar o relacionamento comigo mesmo
e para receber o que preciso dos outros.

2 de outubro

A criança interior é uma chave para a intimidade

Como a criança interior é a parte de nós que sente as emoções mais profundas, ela é a parte de nós que de fato pode sentir amor. É também a parte de nós que é vulnerável, a parte que pode ser ferida ou magoada. Para sentir intimidade de verdade com outra pessoa, precisamos estar em contato com a nossa vulnerabilidade, com o nosso amor, até com a nossa capacidade de ser feridos.

Se não estivermos em contato com a nossa criança interior, não vivenciaremos a verdadeira intimidade. Ao aprendermos a entrar em contato com a criança interior, a tomar conta dela e protegê-la e a expressá-la de maneiras apropriadas, podemos conhecer a intimidade de maneiras saudáveis e gratificantes na nossa vida.

Enquanto aprendo a apoiar a minha criança interior,
vivencio mais intimidade na minha vida.

3 de outubro

Somos todos vulneráveis

A maioria de nós tem medo, até certo ponto, da própria vulnerabilidade. Temos várias maneiras de mascará-la, escondê-la ou defendê-la. A chave da intimidade, porém, é ser capaz de ser vulnerável com outra pessoa. Para fazer isso, temos primeiro que ser honestos conosco no que diz respeito aos nossos sentimentos mais profundos e vulneráveis. Precisamos aprender a cuidar desses sentimentos e protegê-los, não ao encerrá-los dentro de nós e defendê-los, mas ao sermos capazes de dizer com honestidade o que sentimos e pedir aquilo de que precisamos.

Quando aprendemos a usar os nossos pontos fortes para apoiar e expressar a nossa vulnerabilidade, em vez de reprimi-la, começamos a nos sentir mais seguros e à vontade ao nos abrir para outra pessoa.

*Estou aprendendo a me sentir
à vontade com a minha vulnerabilidade.*

4 de outubro

Todos temos necessidades

Como seres humanos, precisamos muito das outras pessoas. Precisamos de amor, apoio, conexão e proximidade. Na nossa sociedade, os sentimentos de dependência são considerados negativos. Esperam que sejamos autossuficientes. Para a maioria das pessoas, é uma vergonha admitir o quanto elas são carentes, em especial do ponto de vista emocional. Mas as nossas necessidades são justamente o que nos faz seres humanos. Temos de aprender a respeitá-las, em vez de negá-las. Assim poderemos começar a satisfazê-las.

Para mim é natural
ter necessidades emocionais.

5 de outubro

Expresse as suas necessidades diretamente

Se você reconhecer e admitir as suas necessidades e realmente respeitá-las, pode expressá-las de maneira direta. Só então você pode começar a receber das outras pessoas. Se eu conseguir dizer que realmente preciso do seu amor, preciso da sua amizade, preciso do seu abraço neste exato instante, ou que preciso de alguém com quem conversar, as pessoas terão mais facilidade para dar o que pedimos. Mas, se eu disser que não preciso de ninguém, então as minhas necessidades serão atendidas de maneiras indiretas e exigirão uma grande dose de energia, pois eu estarei negando que elas realmente existem. Nesse caso fica difícil para as outras pessoas reagirem às nossas carências sem se sentirem manipuladas ou sobrecarregadas.

Estou aprendendo a pedir
o que preciso de maneira clara e direta.

6 de outubro

Ambivalência a respeito dos relacionamentos

Inúmeras pessoas, especialmente as mulheres, dizem que querem de fato relacionamentos sérios e não compreendem por que eles não ocorrem. Muitos de nós demoram a reconhecer quantos conflitos interiores e quanta ambivalência temos a respeito desse tipo de relacionamento. Pode haver uma parte de nós que queira intimidade e proximidade, mas existe outra, escondida, que na verdade tem medo de compromissos, pois, para a maioria de nós, o relacionamento íntimo já significou perda de identidade. Podemos não ter consciência dessas partes que boicotam a possibilidade de iniciarmos um relacionamento. Na verdade, geralmente projetamos esse sentimento exteriormente e só encontramos parceiros comprometidos!

O primeiro passo para criar um relacionamento íntimo é reconhecer e respeitar a parte de nós que não quer esse tipo de relacionamento e descobrir por que ela se sente assim.

Que parte de mim não quer
um relacionamento sério e por quê?

7 de outubro

Polaridades nos relacionamentos

O lado feminino do nosso ser está em busca de proximidade e comunhão. O lado masculino está à procura de individualidade, independência, liberdade de movimentos e autoexpressão. O lado masculino teme se amarrar, se restringir, se limitar ou ser dominado pelo feminino. O lado feminino teme a separação e o abandono por parte do masculino. Caso estivermos mais identificados com a energia masculina nos relacionamentos, nós nos sentiremos independentes, mas seremos atraídos por parceiros que espelham o anseio por proximidade que negamos. Se estivermos mais em contato com a energia feminina nos relacionamentos, sentiremos um forte desejo por intimidade, mas atrairemos parceiros que queiram mais espaço!

Com que polaridade eu me identifico mais neste momento?
Estou em contato com o outro lado dos meus sentimentos?

8 de outubro

Espaço nos relacionamentos

Num relacionamento íntimo, precisamos tanto de proximidade quanto de espaço. Precisamos nos fundir com o outro, mas precisamos também nos voltar para o nosso senso individual de eu. O difícil é perceber as próprias necessidades e ser capaz de exigir o espaço quando isso for necessário. Tendemos a perder essa capacidade quando nos fundimos com outra pessoa. Mas, se não exigirmos o nosso espaço quando necessário, criaremos um conflito ou problema que pode causar uma separação.

É desafiador mas essencial que aprendamos a preservar o nosso espaço com mais consciência. Depois que conseguimos certa proximidade, precisamos nos separar e reservar algum tempo e espaço para nós mesmos. Isso pode durar alguns minutos ou alguns dias. O relacionamento íntimo é uma dança constante entre duas polaridades: a proximidade e o afastamento.

Eu posso me afastar conscientemente
em busca do meu espaço, quando preciso disso.

9 de outubro

A criança interior pode temer relacionamentos

A criança dentro de nós pode nos impedir de travar relacionamentos íntimos caso esteja assustada. Em seu íntimo, a criança clama, mais do que por qualquer outra coisa, por proximidade e intimidade. Mas, se ela foi machucada por relacionamentos anteriores, pode estar apavorada com a possibilidade de sofrer abusos, ser rejeitada, sufocada ou abandonada outra vez. Se tomarmos consciência dos medos da criança interior, podemos lhe dar o amor e o apoio de que ela precisa para se sentir segura nos relacionamentos.

À medida que fico mais consciente dos medos da minha criança interior, aprendo a cuidar melhor das minhas necessidades.

10 de outubro

Seja franco nos seus relacionamentos

As dificuldades nos nossos relacionamentos e na nossa vida surgem quando escondemos a verdade com medo de que outra pessoa não goste dela ou de que, de alguma maneira, ocorram consequências indesejáveis. No minuto em que começa a esconder a verdade, você principia a ter problemas no relacionamento. Você começa sutilmente a se retirar do relacionamento, que passa a ficar sem vida.

Um relacionamento íntimo, ou qualquer relacionamento importante, precisa se basear na verdade e na autenticidade, do contrário se desgasta e chega ao fim. Os relacionamentos sofrem na mesma medida em que não somos verdadeiros com a pessoa com quem nos relacionamos.

Será que estou consciente das diversas maneiras
pelas quais escondo minha verdade nos relacionamentos?

11 de outubro

Nós nos distanciamos nos relacionamentos

A total honestidade, num relacionamento próximo, pode ser extremamente assustadora. Pois há a possibilidade de você ficar arrasado ao deixar que alguém se aproxime o suficiente para vê-lo como você realmente é e depois perder essa pessoa. Contudo, ao manter essa pessoa muito afastada, você não conseguirá preencher as suas necessidades. Por isso mantemos tais pessoas por perto, o bastante para termos algum contato, mas não próximas o suficiente para que elas vejam quem realmente somos. Temos medo de que, se descobrirem quem somos, elas possam não querer mais ficar conosco. Por conseguinte, tentamos ter apenas uma intimidade relativa; não mais do que isso. Infelizmente, manter essa distância nos deixa insatisfeitos em nossos relacionamentos.

Para encontrar a plenitude nos relacionamentos íntimos, temos que correr o risco de deixar os outros nos verem como realmente somos.

*Estou disposto a mostrar
como realmente sou.*

12 de outubro

A honestidade requer coragem

É preciso muita coragem para ser honesto num relacionamento. Por um lado, precisamos ser verdadeiros e autênticos com a outra pessoa, e por outro, temos medo de que isso faça com que ela nos deixe. É importante entender e respeitar esse conflito interior. Você não pode sair por aí falando a absoluta verdade para todo mundo a todo instante. Isso seria realmente assustador. Você simplesmente começa a pensar em fazer isso, compreendendo que é algo assustador para uma parte de você, mas sabendo ao mesmo tempo que, se não expressar a verdade, outra parte de você será sacrificada no relacionamento. Aos poucos, você aprenderá a ser mais autêntico.

Que parte de mim tem medo de ser verdadeiro e por quê? Posso entender e respeitar essa parte enquanto aprendo a me abrir mais?

13 de outubro

Seja verdadeiro consigo mesmo

Sempre que deixamos de falar a verdade, nós nos abandonamos, pois não estamos damos a nós mesmos a permissão para sentir. Estamos dizendo para a criança em nós: "Não posso deixar você se mostrar. Não posso ser verdadeiro, não posso revelar quem você realmente é". Basicamente nos abandonamos para estar com a outra pessoa e isso é terrível.

Ao tomar a decisão de ser verdadeiro consigo mesmo e correr o risco de perder a outra pessoa, você fortalece os laços com o seu próprio ser. Ironicamente, quanto mais você respeita o seu relacionamento consigo mesmo, melhores ficam os relacionamentos com as outras pessoas.

Estou aprendendo a ficar ao meu lado até
nos momentos em que isso é assustador.

14 de outubro

Seja autêntico consigo mesmo

Ser sincero não significa dizer tudo o que está sentindo o tempo todo ou relatar cada pensamento que passa pela sua cabeça. Nem é apropriado revelar-se dessa maneira a qualquer um. Em primeiro lugar, ser sincero significa ser autêntico consigo mesmo. Depois você pode escolher conscientemente se quer ou não partilhar essa verdade com outra pessoa. Quanto maior for o seu anseio de ter relacionamentos íntimos e profundos, mais você terá vontade de se abrir. Se você não tiver certeza absoluta do que está sentindo num dado momento, simplesmente revele o que se passa dentro de você e deixe que as coisas aos poucos se esclareçam.

*Sou honesto comigo mesmo
e com os outros.*

15 de outubro

Aja de acordo com a verdade

Se cultivarmos o hábito de ouvir a verdade dentro de nós mesmos todos os dias, então podemos começar a viver de acordo com ela. Podemos falar a verdade do modo como a sentimos. Podemos colocar em prática essa verdade conforme a sentimos. Podemos viver a nossa própria verdade.

Hoje estou agindo de acordo
com a minha própria verdade.

16 de outubro

Comunicação sincera

Para conseguir se comunicar bem com alguém, você precisa estar disposto a lhe revelar os seus sentimentos, não apenas os seus julgamentos sobre essa pessoa. Depois disso, é mais provável que ela queira ouvir o que você tem a dizer. Por exemplo, "Realmente fiquei magoada quando você me interrompeu quando eu estava falando. Às vezes, sinto como se você nem estivesse me ouvindo e isso realmente machuca. É como se eu não fosse importante para você". Isso é bem diferente de dizer, "Sabe de uma coisa? Você só pensa em si mesmo! Nunca ouve ninguém; acho que está na hora de encarar isso!"

Se você conseguir expor o que sente com relação às suas próprias experiências e ser suficientemente vulnerável para expressar os seus sentimentos, então será mais fácil para a outra pessoa ouvir sem ficar na defensiva.

Estou aprendendo a expressar
os meus sentimentos corretamente.

17 de outubro

A vulnerabilidade atrai a simpatia das outras pessoas

Uma das chaves para relacionamentos bem-sucedidos é aprender a expressar os sentimentos sem medo de expor a sua vulnerabilidade, em vez de expressá-los com uma atitude defensiva ou agressiva.

Isso não é nada fácil, pois, quando você se sente vulnerável, o seu próprio instinto é se defender e atacar. Nesses momentos, até as pessoas que você mais ama no mundo parecem inimigos em potencial e tudo o que você quer é se defender delas. Mas quanto mais invulnerável você parece, menos receptivas as outras pessoas serão com você. Por outro lado, quanto mais disposto a mostrar o que está sentindo, a partir do seu eu mais profundo, mais chance você terá de que as outras pessoas se sintam tocadas com o que você tem a dizer e se comovam. Elas se sentirão dispostas a ouvir, porque você não estará apontando o dedo para elas nem fazendo nenhuma exigência. A vulnerabilidade aproxima as outras pessoas e atrai compaixão e simpatia.

Sou capaz de mostrar a minha vulnerabilidade
para as pessoas nas quais confio.

18 de outubro

Comunicação versus crítica

A seu ver, qual é a diferença entre uma opinião franca e a crítica destrutiva? A menos que alguém peça a sua opinião, fique de bico calado. Se você tem algo a dizer a alguém, pergunte primeiro se a pessoa está disposta a ouvir ou não. E lhe dê de fato uma oportunidade de dizer sim ou não.

Por outro lado, se alguém quiser expressar a sua opinião e você sentir que se trata na verdade de um ataque disfarçado, diga simplesmente não.

Eu não tolero crítica destrutiva.
Tenho o direito de dizer não ou de ir embora.

19 de outubro

Como reconhecer o abuso

Muitos de nós estão tão acostumados a sofrer abusos, tanto dos outros quanto do nosso crítico interior, que nem chegamos a nos dar conta deles. Eles são tão constantes que achamos que os merecemos. Não deixe a sua criança interior se abrir para ser agredida. Comece a reparar nos seus sentimentos. Caso comece a se sentir culpado e mal consigo mesmo quando alguém está conversando com você, então procure perceber o modo como a pessoa está falando. Ela está relatando uma experiência e comentando sobre os seus efeitos ou está apontando o que há de errado em você?

Sempre que alguém aponta algo de errado em você ou faz com que você se sinta errado, isso é sinal de que essa pessoa está acobertando a própria vulnerabilidade ao atacá-lo. Todos nós fazemos isso às vezes. Mas também podemos aprender a tomar consciência dos momentos em que estamos fazendo isso com os outros e aprender a mergulhar mais fundo dentro de nós e expressar o que estamos realmente sentindo.

Estou aprendendo
a reconhecer abusos.

20 de outubro

Aprenda a autoproteção apropriada

Se você costuma atrair críticas ou agressões verbais, precisa aprender a se proteger de maneira apropriada. Não convém deixar uma pessoa atacá-lo ou agredi-lo verbal, emocional ou fisicamente. Se alguém lhe fizer uma crítica feroz diga, "Isso não é verdade. Não fale comigo nesse tom". Se isso não fizer com que a pessoa pare, afaste-se do local. Informe a pessoa que você está disposto a ouvi-la sobre os seus sentimentos de mágoa ou raiva, caso ela os expresse de maneira não agressiva, mas que não está disposto a ser criticado ou atacado. Precisamos aprender a proteger a nossa criança interior dessa maneira.

*Sou capaz de estabelecer limites
e fronteiras para me proteger.*

21 de outubro

Crítica construtiva

Tendemos a olhar tudo com um olhar crítico e reparar no que está errado, seja em nós mesmos, nas coisas que fazemos ou criamos ou no que as outras pessoas fazem. É importante termos muito discernimento ao fazê-lo, pois quando olhamos o que não está funcionando bem, acabamos não vendo o que está. Lembre-se sempre de prestar atenção nas coisas positivas e de cumprimentar-se ou às outras pessoas pelas coisas que estão indo bem.

*Reconheço e aprecio os aspectos
positivos de todas as situações.*

22 de outubro

O criticismo pode enfraquecer você

Muitos professores usam o criticismo para ensinar. Eles acham que os alunos só aprendem se eles forem severos e críticos. Mas isso muitas vezes faz a criança interior dos alunos se sentir realmente muito mal. Eles deixam de querer aprender ou se recusam a se expor. Para aprender você precisa se colocar numa posição de extrema vulnerabilidade, admitindo o que não sabe. Se abusarem dessa vulnerabilidade, a criança se fecha. A criatividade de muitas pessoas e a sua capacidade de aprender foram prejudicadas por professores que não sabiam transmitir informações sem se valer do criticismo. Não verdade, não é preciso ensinar dessa maneira. Agora, na idade adulta, podemos restabelecer o contato com a criança dentro de nós que foi desestimulada e ajudá-la a aprender de maneira positiva, fazendo-a se sentir segura, amada e incentivada.

Eu apoio e estimulo
a minha criança interior.

23 de outubro

Cuide das suas próprias necessidades

Existe uma tendência na nossa sociedade, especialmente entre as mulheres, de se sacrificar pelos outros. Em vez de assumir a responsabilidade pelas próprias necessidades, tudo o que fazemos é nos doar aos outros, particularmente aos nossos filhos. Quando fazemos isso, inconscientemente acabamos cobrando depois. É como se disséssemos, "Eu cuidei de você, por isso você está me devendo. Agora cuide de mim". Os nossos filhos podem carregar o fardo dessa culpa pelo resto da vida.

É importante, portanto, particularmente na posição de pais, que nos responsabilizemos pelas nossas próprias necessidades. Se você conseguir cuidar razoavelmente bem de si mesmo ao longo dos anos, pode deixar os outros livres para viver suas próprias vidas e tomar conta de si mesmos. Ao tomar conta de si mesmo você mostra ao seu filho como viver a vida de um modo responsável em vez de esperar que outras pessoas façam isso por ele. Nunca é tarde para deixar os filhos livres para aprender a cuidar melhor das próprias necessidades.

Hoje eu ficarei consciente do que preciso
e tomarei providências para atender às minhas necessidades.

24 de outubro

*Todos nós precisamos de momentos de solidão
e momentos de comunhão*

Todos precisamos de momentos diários na nossa própria companhia, ainda que mínimos. É importante preservar esses momentos mesmo quando muitas pessoas precisam de nós. (Na verdade, se muitas pessoas precisam de você, é provável que você precise de um tempo ainda maior de solidão!) São nesses momentos que podemos entrar em contato com quem realmente somos e com o que realmente precisamos. Essa é uma maneira de entrarmos em contato com a nossa sabedoria interior.

Assim como momentos de solidão, também precisamos do sentimento de proximidade e conexão com outras pessoas. Precisamos de um tempo sozinhos com a pessoa com quem temos um relacionamento romântico. Precisamos de um tempo com os nossos amigos. Precisamos de um tempo com os nossos filhos.

*Eu reconheço a minha necessidade de ficar sozinho
e a de estar com outras pessoas. Atendo a ambas, todos os dias.*

25 de outubro

Permita-se receber

Existe uma parte de nós que não se sente à vontade ao receber algo de outra pessoa, pois isso seria admitir que estamos carentes de algo. Isso nos deixaria abertos à coisa que mais tememos: a rejeição. Se você deixar esse medo dominá-lo e não tomar consciência dele, estará subconscientemente sempre pedindo coisas e sendo incapaz de recebê-las de quem quer que esteja disposto a dá-las a você.

Será que tenho
medo de receber?

26 de outubro

Receber é um desafio

Para muitas pessoas, o maior desafio que existe na nossa cultura é receber e se sentir melhor com isso do que ao dar. Receber é difícil porque nos coloca numa posição de vulnerabilidade. Dar é na verdade algo mais aceito, pois quando damos nos sentimos fortes.

Para ser capaz de receber, você tem que estar em contato com a sua vulnerabilidade e se sentir à vontade com a sua parte que está carente de algo. Você tem que se sentir à vontade ao deixar que a outra pessoa se sinta forte e poderosa na sua presença. O mais interessante é que a posição de receber acaba sendo extremamente poderosa pela sua capacidade de fortalecer os outros. Se quiser fazer com que outras pessoas se sintam bem, deixe que elas lhe deem algo e depois cumprimente-as pelo que fizeram.

Hoje estou praticando
a minha capacidade de receber.

27 de outubro

Não temos que ser perfeitos aos olhos dos nossos filhos

Como pais, achamos que sempre precisamos estar no controle das situações. Precisamos ser o tempo todo pessoas conscientes, amorosas e maduras. Evidentemente, isso é humanamente impossível. E na verdade nem é necessário.

O melhor presente que você pode dar aos seus filhos é ser autêntico e verdadeiro. Deixe-os saber que você também tem que se esforçar na vida; que também tem emoções e sentimentos que são vulneráveis. Isso não significa que você tenha que sobrecarregar os seus filhos com os seus problemas, mas que pode dividir com eles as suas experiências reais. Diga-lhes se teve um dia difícil ou se se sente triste ou zangado, e deixe que eles saibam que isso não é culpa deles. Divida com eles também os seus momentos de felicidade. Você pode ser franco com os seus filhos.

Hoje deixarei um pouco de lado a minha necessidade de ser perfeito.
Eu aceito e compartilho os meus sentimentos mais verdadeiros.

28 de outubro

Existem poucos modelos neste mundo

Existem poucos bons modelos neste mundo para aqueles que estão trilhando o caminho da consciência. Pode haver algumas pessoas que nos servem de modelo em vários aspectos, mas poucas são aquelas que podem nos servir de modelos para a verdadeira integração. Podemos não encontrar nenhuma que tenha todas as qualidades que buscamos. Talvez precisemos buscar inspiração em muitas pessoas que espelham diferentes partes de nós mesmos que queremos desenvolver. Temos que perceber que somos modelos uns para os outros e para aqueles que empreendem a mesma jornada, mas estão alguns passos atrás de nós.

Eu busco inspiração em muitas pessoas,
e procuro inspirar outras tantas.

29 de outubro

Em busca de modelos

Se você conhece pessoas que têm o tipo de relacionamento que você gostaria de ter ou que se relacionam de maneiras que você admira, faça delas os seus modelos. Deixe que elas lhe inspirem a crença de que você pode ter o que o seu coração deseja nos relacionamentos. Certifique-se, porém, de que está olhando além das aparências, pois os relacionamentos raramente são tão bons quanto aparentam na superfície. Mas, se você conhece pessoas que realmente se amam, que têm um compromisso verdadeiro e de fato têm uma boa comunicação, estude-as e aprenda com elas. Visualize e afirme conscientemente que, se esse tipo de relacionamento existe neste mundo, ele também é possível na sua vida. Em seguida abra-se para aprender como melhorar os seus próprios relacionamentos ou criar os que você quer.

*Os relacionamentos que eu quero
ter são perfeitamente possíveis.*

30 de outubro

Traga luz para a escuridão

O que muitas pessoas fazem, principalmente aquelas que trilham algum tipo de caminho espiritual, é dividir o mundo em luz e trevas. Queremos viver na luz, e não queremos nos aproximar das trevas. Tentamos sair das trevas e ir para a luz. Mas, na realidade, viver na luz significa trazer a luz para todos os aspectos da nossa vida — incluindo os recônditos de inconsciência onde reina a escuridão.

Eu estou trazendo a luz da consciência
para todos os aspectos da minha vida e do meu ser.

31 de outubro

Explore a sua mansão interior

Imagine que você tem uma mansão. Você mora numa residência de vários cômodos, com janelas abertas por onde entra a luz, mas onde existem também vários ambientes em que você nunca entra. Eles são escuros e estão fechados, pois você acha que há algo de assustador ou ruim dentro deles.

No processo da consciência, à medida que adquire mais poder e coragem e tem mais amor por si, você começa a visitar cada um desses cômodos e a iluminá-los. Então você descobre todos os lugares maravilhosos dentro de si que nem sabia que existiam. Por fim, você toma posse de toda a mansão. Pode entrar em cada cômodo, e cada um deles tem a sua função. Sem um desses cômodos você não vivencia tudo o que você é ou tudo o que a vida é.

Quais são os cômodos da minha casa interior em que eu não entro? Será que existe algum que eu poderia explorar agora?

1º de novembro

Respeite a jornada

O processo de consciência está em curso. Trata-se de uma jornada para toda a vida. Não é simplesmente uma questão de ler um livro, fazer algumas afirmações ou usar simplesmente um certo método para que toda a sua vida entre nos eixos. Mas isso é o que muitos professores prometem, o que cria expectativas irreais. Especialmente no nível emocional, a cura profunda requer certo número de anos de trabalho concentrado. Mudanças incrivelmente rápidas *podem* acontecer de maneira quase milagrosa se você usar um destes instrumentos: visualização criativa, aprender a confiar e seguir a sua intuição, usar o diálogo com as suas vozes interiores. Ao mesmo tempo, trata-se de um processo de profunda interiorização, que avança, camada por camada, enquanto continuamos aprendendo, nos integrando e nos abrindo cada vez mais. Não existe um ponto em que isso simplesmente acaba. Não existe um ponto em que o trabalho está "feito".

Eu respeito o caminho em que estou. Eu respeito a jornada da consciência, a qual empreenderei durante toda a minha vida.

2 de novembro

A iluminação ocorre em quatro níveis

A jornada de desenvolvimento pessoal de muitas pessoas começa com algum tipo de experiência espiritual, independentemente de reconhecermos ou não esse fato. Somos levados a nos abrir para o espiritual e, em algum nível, sentimos e reconhecemos isso. Depois ficamos curiosos para saber o que significa essa experiência e começamos a analisá-la no plano mental das ideias. Em algum ponto, somos confrontados com o nível emocional, que implica eliminar os bloqueios emocionais que ainda temos e curar as feridas que impedem a nossa força vital de fluir livremente. Depois disso podemos integrar o nosso espírito plenamente no corpo físico.

Estou explorando e integrando todos os quatro níveis:
o espiritual, o mental, o emocional e o físico.

3 de novembro

Níveis de entendimento

No processo do desenvolvimento consciente, existem muitos níveis de entendimento. Primeiro você aprende um conceito ou princípio. Depois você tem que viver com ele por algum tempo. Um nível mais profundo de entendimento se inicia quando você age de acordo com esse princípio em alguma questão menor da sua vida. É então que você se torna consciente dos outros níveis. O mais importante é deixar que esse processo aconteça. Não fique impaciente para aprender tudo de uma vez. E não fique irritado consigo mesmo quando descobrir até que ponto aquele princípio lhe era incompreensível. Cumprimente-se por tudo que você está aprendendo no dia a dia.

Dia a dia, o meu entendimento
se aprofunda.

4 de novembro

Deixe-se sentir

A nossa sociedade tem enormes restrições quanto a sentir num nível muito intenso. Temos medo de sentir demasiado medo, mágoa, tristeza ou raiva. Por outro lado, também tememos sentir muito amor, muita paixão ou muita alegria. Acabamos expressando os nossos sentimentos apenas parcialmente, sem ir a extremos. Isso nos impede de viver a vida plenamente.

Estou aprendendo a vivenciar
todos os meus sentimentos.

5 de novembro

Cura emocional

Para diversas pessoas, a ideia de empreender a cura do nível emocional do seu ser é assustadora. É o nível a que as pessoas mais resistem. Explorar novas ideias no nível mental é fácil para nós, porque somos uma sociedade mental. Esse nível nos parece muito seguro. Ele não abala tanto assim as nossas estruturas. E agora muitas pessoas estão seguindo um caminho espiritual com a esperança de ficarem "iluminadas" sem ter que enfrentar o seu lado sombrio.

Contudo, são poucos os que sabem como empreender a verdadeira cura emocional. Mesmo entre os terapeutas, agentes de cura e professores de cursos de autoajuda, é impressionante ver o quanto é pequeno o número de profissionais que realmente sabem orientar as pessoas ao longo do seu processo de cura emocional. Isso porque, para orientar os outros, eles mesmos precisam ter percorrido esse caminho antes! Todavia, a cura emocional profunda é essencial para que nos tornemos pessoas conscientes.

Estou disposto a empreender
a minha cura emocional.

6 de novembro

Como começar a curar o nível emocional

Para dar início à cura do nível emocional, temos de correr o risco de olhar qualquer coisa que não esteja funcionando na nossa vida. Existem pontos problemáticos na nossa vida que são o meio que o universo tem de nos mostrar o que requer a nossa atenção e precisa ser trabalhado. Esses pontos podem se referir a várias coisas: à nossa saúde física, obesidade, problemas de relacionamento, problemas financeiros, vícios ou um filho problemático. E depois temos que estar dispostos a cavar fundo e entrar em contato com os sentimentos que estão diretamente ligados a esses pontos problemáticos. Não podemos evitar tais sentimentos. Depois que estivermos dispostos a aprender com qualquer situação da vida, o nosso processo de cura pode se iniciar.

O que não está funcionando na minha vida?
O que eu preciso trabalhar para dar início à minha cura emocional?
Estou disposto a correr o risco de olhar para isso.

7 de novembro

Enfrentando a mudança e o crescimento

Todos temos dentro de nós um lado que quer mudar e crescer. Essa porção está disposta a fazer o que for preciso para se tornar mais consciente.

De outra parte, todos nós temos um outro lado que tem medo de crescer. Esse é um aspecto conservador da nossa psique que quer nos proteger de perigos desconhecidos. Essa parte imagina que, se sobrevivemos até agora, é mais seguro continuar a fazer as coisas exatamente como sempre fizemos, em vez de correr o risco de mudar de fato alguma coisa.

Ambos os aspectos do eu precisam ser respeitados. Um deles inspira crescimento e nos leva em direção ao progresso; o outro nos impede de avançar rápido demais e de ficarmos desorientados ou sobrecarregados. Às vezes parece haver um cabo de guerra dentro de nós. O truque é respeitar os dois lados que travam essa batalha e descobrir um ritmo equilibrado de crescimento com o qual ambos possam conviver.

Estou crescendo e mudando num ritmo
que é confortável e empolgante.

8 de novembro

Medo do autoconhecimento

A maioria das pessoas, de maneira inconsciente, opta por viver num certo grau de negação com respeito aos próprios pensamentos e sentimentos. Pode ser assustador começar a olhar para dentro de si e se conhecer de fato. O medo é descobrir que você é uma pessoa imperfeita ou que, no fundo do seu ser, existe algum segredo obscuro.

Uma coisa da qual você pode ter certeza é que não existe nada de errado com você. Você é um ser belo e poderoso que pode não ter recebido amor e apoio suficientes para poder se amar realmente. O segredo mais profundo de todos é que você é único e perfeito.

Estou disposto a me conhecer
em todos os níveis.

9 de novembro

Todas as feridas podem ser curadas

Quando você se dispuser a encarar o medo de se conhecer, é importante saber que todas as feridas podem ser curadas. A dor emocional que todos carregamos pode ser amenizada pelo processo de olhar profundamente dentro de nós, reconhecendo e admitindo nossos pensamentos, sensações e experiências e permitindo-nos sentir e expressar as nossas emoções mais profundas e reprimidas.

Para realizar esse tipo de cura profunda, são necessários três ingredientes. Primeiro, você tem que estar disposto a fazer o trabalho, seja qual for o tempo que ele levar. Segundo, você precisa obter o tipo certo de apoio (pessoas e ambientes que o ajudem a passar por esse processo). Terceiro, você precisa se dispor a esperar pelo tempo necessário para atravessar muitas camadas da sua psique, o que às vezes significa muitos anos. Vale a pena esperar, no entanto, para viver a verdadeira liberdade.

Estou disposto a conceder dedicação,
apoio e tempo ao processo de me tornar uma pessoa livre e inteira.

10 de novembro

A nossa sombra

A nossa sombra é qualquer parte dentro de nós, qualquer energia que tenhamos ou qualquer aspecto do nosso ser ou da nossa personalidade que não esteja organizado, não seja reconhecido ou não seja expresso de maneira natural na nossa vida diária. Como a nossa sombra num dia de sol, ela nos segue aonde quer que vamos. Não podemos nos livrar dela ignorando-a ou desejando que ela não exista. Ela é uma parte genuína do nosso ser que deseja o nosso amor e a nossa aceitação, e nos segue por todos os lugares até que a notemos e lidemos com ela.

Que partes de mim podem estar precisando
de mais aceitação e de expressão na minha vida?

11 de novembro

Encontre a sua sombra

A sua sombra se compõe de qualquer energia natural que você tenha reprimido ou negado. Energias reprimidas por muito tempo geram uma grande quantidade de força não extravasada que podemos ter muito medo de confrontar. Em essência, porém, elas são energias naturais e necessárias de que precisamos a fim de ter uma vida bem-sucedida. Para ter acesso a essas energias, precisamos encontrar uma maneira de nos familiarizar com a nossa sombra.

*Estou disposto a tomar consciência
da minha sombra.*

12 de novembro

Aceite a sua sombra

A sua sombra é constituída por tudo o que a sua família, a sua comunidade ou a sua cultura desaprovava. A sombra de algumas pessoas pode ser a agressividade, caso as suas tendências agressivas naturais e saudáveis tenham sido reprimidas na infância. Elas precisarão aprender a aceitar essa agressividade natural, uma característica que as ajudará a ir atrás do que querem na vida. Para outras pessoas, a sombra pode ser a vulnerabilidade, caso a expressão desse traço não tenha sido aprovada pela família delas. Elas precisam aprender a aceitar as suas necessidades e dependências humanas naturais. Para muitas pessoas da nossa cultura, a nossa sensualidade ou sexualidade natural foi reprimida e passou a fazer parte da nossa sombra, individual e coletivamente. A aceitação de todos esses aspectos do nosso ser faz com que nos tornemos seres humanos inteiros, saudáveis e plenos.

Estou aprendendo a aceitar e a integrar
todos os aspectos do meu ser.

13 de novembro

A sombra familiar

À s vezes é muito fácil ver como a sombra atua dentro de uma família. Um filho fica rebelde ou se torna o bode expiatório da família, e começa a dar voz às energias negadas por todos os membros da família. Essa pessoa começa a sentir ódio de si mesma e a se culpar, e o resto da família também começa a culpá-la ou se concentra em tentar ajudá-la. Dessa maneira ninguém precisa enfrentar as próprias questões mal resolvidas. Quando o bode expiatório inicia um processo de cura e para de encenar esse papel, os outros membros da família são confrontados com a necessidade de integrar as suas próprias sombras.

Será que eu ou alguém da minha família está carregando a sombra dos outros?

14 de novembro

A sombra coletiva

Você pode ver a sombra coletiva em atividade sempre que um grupo social ou nação projeta as suas energias renegadas em outra raça, grupo étnico ou país e faz dele um inimigo mortal a ser temido. Se você não tem um inimigo, não tem ninguém em quem projetar o seu lado mais sombrio e sua alternativa é enfrentá-lo. Isso pode ser doloroso e difícil. É muito mais fácil criar um conflito racial ou uma guerra.

Para solucionar os nossos conflitos pessoais e coletivos, precisamos estar dispostos a olhar dentro de nós e admitir tudo o que estamos projetando nos outros.

Ao aceitar e integrar todos os aspectos do meu eu,
estou curando a sombra coletiva.

15 de novembro

A visualização não pode ser usada para a negação

A visualização é um instrumento poderoso para criar mudanças positivas na sua vida, quando usada corretamente. Entretanto, você não pode usar a visualização para perpetuar a sua própria negação de aspectos de si mesmo. Isso não funciona. Você não pode enfocar somente o positivo ou as coisas de que gosta na vida, as que aceita e com as quais já se sente à vontade, e negar ou tentar se livrar das coisas de que não gosta ou não quer. Não é desse jeito que o universo funciona.

A vida sempre o faz confrontar-se com aquilo que você espera não ter de lidar, até que possa aceitá-lo. A visualização serve para ajudá-lo a se abrir mais para a vida, sem se fechar para nada.

*A visualização me ajuda a me abrir para todos
os aspectos de mim mesmo e da vida.*

16 de novembro

Julgamentos

Muitas pessoas em evolução espiritual estão se empenhando muito para não fazer julgamentos. Estamos percebendo que os nossos julgamentos só nos separam e isso é doloroso. Ao tentar não fazer julgamentos, porém, estamos apenas reprimindo a parte de nós que os faz. Não podemos eliminá-la, pois ela é uma reação de defesa relacionada a algo que tememos ou que não entendemos ainda, ou às ocasiões em que não nos expressamos de alguma maneira.

Tentar não fazer julgamentos é somente uma maneira de reprimir uma parte de nós. Você está na verdade julgando o seu eu que julga! Em vez disso, reconheça e aceite a parte de você que julga e depois olhe por trás dela para ver o que fazendo com que ela se manifeste.

Eu aceito o meu eu julgador
como uma parte de mim.

17 de novembro

Tudo o que fazemos serve a um propósito

A única razão que nos leva a fazer alguma coisa é a certeza que temos de que essa é a melhor maneira possível de satisfazer as nossas necessidades, garantir a nossa sobrevivência, conquistar o sucesso ou viver uma vida mais digna de ser vivida. Lamentavelmente, a maioria dos modos inconscientes que encontramos de preencher as nossas necessidades e cuidar de nós mesmos também tem certos efeitos bastante negativos. É por isso que precisamos substituir os nossos modos inconscientes de sobreviver e cuidar de nós mesmos por modos conscientes que sejam mais positivos e eficientes.

*Estou aprendendo modos conscientes
de cuidar de mim mesmo.*

18 de novembro

Seja grato aos seus antigos padrões

Seja grato a todos os seus antigos padrões pelo que eles já fizeram por você. Eles foram a melhor maneira que você encontrou até agora, com o seu conhecimento e experiência de vida, para sobreviver e cuidar de si mesmo. É importante ser grato a todos eles, não importa o quanto pareçam negativos, pelo que eles já lhe fizeram. Comece a olhar o que eles lhe deram, como o ajudaram e do que eles o protegeram. Agora que você já está em outra fase, está tomando mais consciência deles e eles estão lhe parecendo superados e desconfortáveis. Mas, à medida que você os deixa para trás e os transforma em maneiras mais apropriadas de fazer as coisas, agradeça-lhes. Eles são como velhos amigos que o ajudaram a chegar aonde chegou na vida.

Eu sou grata aos meus antigos padrões por me ajudarem a chegar aonde cheguei. Estou pronta para deixar para trás e transformar aqueles de que não preciso mais.

19 de novembro

Você precisa do que precisa

À s vezes, é difícil admitir que você precisava dos seus antigos padrões. Você pode se criticar pela maneira como lidou com algumas situações da sua vida no passado, mas, se uma criança precisa de um alimento para sobreviver, não há por que dizer a ela, "Você não devia precisar desse alimento. Devia aprender a sobreviver sem ele". A criança encontrará um jeito de conseguir esse alimento, do contrário morrerá. Bem, a criança dentro de nós tem certas necessidades, como segurança, carinho, atenção, etc., que precisam ser satisfeitas. A nossa negação, os nossos vícios e todos os nossos padrões habituais são maneiras inconscientes que encontramos de tentar atender às necessidades da nossa criança interior.

Agora é hora de nos perdoarmos pelos modos como tentamos preencher essas necessidades no passado e de aprendermos novas maneiras que realmente funcionem.

Eu me perdoo pelos meus antigos hábitos e padrões.
Agora estou aprendendo maneiras mais positivas
e eficazes de atender às minhas necessidades.

20 de novembro

Sempre existirão tempos difíceis

Na jornada da consciência, existem inevitavelmente épocas de dificuldade e confusão. Muitas vezes agimos de maneira bastante errada nessas ocasiões. Nós nos recriminamos porque achamos que já deveríamos ter aprendido tudo.

O que não entendemos é que toda vez que passamos para um nível mais profundo de compreensão, existe um período de confusão. Emoções dolorosas ou assustadoras muitas vezes vêm à tona nesses momentos. Mas esses períodos difíceis são recompensados com uma expansão e aprofundamento reais da nossa consciência. À medida que aprendemos que isso é um processo contínuo e paramos de esperar uma compreensão completa em todas as situações, fica cada vez mais fácil superar esses momentos de confusão.

Sou paciente comigo durante os momentos difíceis.
Sei que eles também são passageiros e que serei
recompensado com um maior entendimento.

21 de novembro

Trate a si mesmo como a um amigo

Ao sentir que está começando a se recriminar a respeito de algo, recorra a uma técnica muito simples que pode ajudar a facilitar as coisas. Finja que você é o seu melhor amigo. Como você conversaria com o seu amigo? Você nunca diria ao seu melhor amigo as coisas que diz a si mesmo. Você jamais trataria alguém do modo como trata a si próprio. Você não falaria desse jeito com alguém que você ama, não é verdade? Dê a si mesmo a compaixão, a amizade e o apoio que daria a alguém de quem você gosta.

Eu sou
o meu melhor amigo.

22 de novembro

O crescimento é cíclico

O crescimento é um processo cíclico. Toda vez que passa por uma fase difícil, você vivencia uma noite escura. Depois o dia amanhece e as coisas ficam melhores e mais fáceis durante um tempo. Você tem a luz do entendimento. Depois você enfrenta outro desafio. Isso pode ocorrer a cada dia, semana, mês ou ano.

Nesses momentos, quando você tem a sensação de que não sabe o que está fazendo, é bom saber que está passando por um ciclo. Isso faz parte do processo.

Eu confio no
processo de crescimento.

23 de novembro

Estar confuso

Quando você passar por um período de confusão, procure não fugir dele. Fique por um tempo confuso, desorientado ou empacado ali. Às vezes você precisa ficar um pouco com esses sentimentos. Não há nada de errado nisso. Mergulhe dentro de si mesmo e peça orientação. Pergunte o que você precisa aprender. Deixe que pessoas ou situações que possam ajudá-lo o guiem. Aos poucos, você superará essa fase de confusão.

Sempre vale a pena. Depois que você olhar para trás e analisar esse período de confusão, você conseguirá ver o que ganhou com ele.

Não há nenhum mal em me sentir confuso.
Estou sendo guiado na direção do que preciso.

24 de novembro

Mantenha-se no processo

Quando você está se sentindo confuso, não é fácil se manter no processo. Parte de você quer uma coisa e parte quer outra. Você quer tomar uma decisão definitiva, chegar a uma conclusão. Mas, se você conseguir manter todos esses sentimentos dentro de si e ficar atento a eles — seja o conflito, a confusão ou a incerteza —, então a certeza brotará em algum lugar dentro de você. A sua verdade interior o guiará. Mas, ao tentar encontrar um atalho nesse processo, você se privará da oportunidade de encontrar essa certeza interior.

Eu estou disposto a me manter confuso e em conflito por tempo suficiente para que a minha verdade mais profunda venha à tona.

25 de novembro

Lembre-se de confiar

Toda vez que passa por um ciclo de crescimento, você fica um pouco mais confiante. Mas, quando você está confuso, é difícil se lembrar de alguma coisa. É difícil lembrar que você já passou por esse ciclo antes e que essa confusão não é um estado permanente. Num nível profundo você pode ter essa confiança, mas num outro nível estará dizendo, "Por que estou me sentindo assim? Não entendo o que está acontecendo". Faça um esforço para se lembrar de que a confusão é algo que acontece. A certa altura você recuperará a clareza de raciocínio. O entendimento virá e você receberá uma grande dádiva com essa experiência.

Eu confio que a experiência que estou vivendo me reserva
uma grande dádiva. A clareza e o entendimento
emergirão dessa experiência.

26 de novembro

Precisamos de um tempo de transição

Quando passamos por grandes mudanças na nossa vida, muitas vezes precisamos de um período de repouso, seja de alguns minutos, horas, dias, meses ou até anos. Esse é um momento de mudanças interiores e crescimento, não um momento para olhar para fora. Quando estamos nessa fase, muitas vezes achamos que estamos errados, "O que há de errado comigo? Não estou chegando a lugar nenhum. Nem tenho vontade de sair da cama pela manhã..."

Se você é uma pessoa bastante ativa, que passou a vida toda exigindo mais de si mesma a cada dia, pode estar precisando de um tempo para relaxar, simplesmente existir, deixar o passado para trás e permitir que as mudanças interiores aconteçam. É reconfortante dizer a si mesmo, "Eu me empenhei e fiz grandes conquistas na minha vida. Agora é hora de descansar e renovar as forças".

Estou me dando o tempo de que preciso
para passar por um período de transição.

27 de novembro

A jornada em espiral

A jornada da consciência é na verdade uma espiral. Vivemos nos movendo pelo mesmo território, mas a cada vez fazemos isso num nível diferente, mais profundo. Os nossos padrões continuam basicamente os mesmos e continuamos trabalhando neles e os aperfeiçoando em outros níveis. Ao descobrir que está passando pela mesma lição novamente, não pense que não aprendeu da primeira vez. Saiba que você está empreendendo uma jornada em espiral rumo ao lar.

A minha jornada é uma espiral.
Eu agradeço às lições cada vez mais profundas
à medida que avanço rumo a outros níveis.

28 de novembro

Existem três tipos de medo

Existem três experiências distintas de medo. Uma acontece quando existe um perigo de verdade e a sua intuição o adverte, "Não vá por aí. Não faça isso. Não é a coisa certa a fazer". Respeite esse aviso sem reservas e siga-o. O segundo medo surge quando não existe nada de realmente perigoso, mas algo que é um desafio no nível emocional. A sua criança interior está assustada com isso. Espere o quanto for preciso para que a criança se acalme, veja do que ela precisa e certifique-se de que você vai tomar conta de si mesmo. Depois, quando a criança se sentir pronta, você pode enfrentar o novo desafio. O terceiro tipo de medo aparece quando você já sabe que está pronto para fazer alguma coisa, mas isso ainda é um desafio. O medo é uma reação temporária que o seu corpo e a sua psique sentem à empolgação de mudar para um novo nível de vida. Reconheça o medo como o lado reverso do excitamento e siga em frente.

Estou aprendendo a respeitar e honrar o meu medo.
Depois eu decido que atitude tomar.

29 de novembro

Amor incondicional

A inteligência superior do universo ama a todos nós incondicionalmente e, quando estamos em contato com ela, sentimos um momento de amor incondicional.

Mas o amor humano é condicional. Está relacionado às necessidades e desejos da nossa criança interior. A tentativa de amar incondicionalmente é também uma tentativa de reprimir e negar o seu eu humano e só identificar o eu espiritual.

Precisamos deixar que o nosso eu espiritual ame incondicionalmente o nosso eu humano, que não ama sem condições. Precisamos, antes de mais nada, aprender a amar as nossas próprias experiências e o nosso próprio processo. Aprenda a aceitar a sua personalidade, com tudo o que ela sente, incluindo a raiva, o ódio, o egoísmo, o hábito de julgar e todas as coisas que você sente que fazem parte da experiência humana. Você só pode amar outra pessoa na medida em que ama e aceita a si mesmo. Esse é o único jeito.

Estou aprendendo a
me amar incondicionalmente.

30 de novembro

Iluminação da forma

O conceito tradicional de iluminação inclui a abertura para a conexão com o espírito e a transcendência da forma humana. Essa não é a ideia completa de iluminação. O restabelecimento do contato com a luz do espírito é só o primeiro passo. O verdadeiro desafio é integrar a nossa energia espiritual plenamente na forma humana de maneira que possamos viver de um modo iluminado no plano terrestre.

*Eu estou
no caminho da iluminação*

1º de dezembro

Qual é a sua visão do futuro?

Quando pensamos no futuro, podemos nos sentir esperançosos e empolgados como também ansiosos, confusos e temerosos. Num nível profundo, podemos até mesmo sentir desespero.

Vivemos em tempos decisivos. Trata-se de uma das épocas mais assustadoras e desafiadoras da história da humanidade. Também é uma das mais empolgantes e auspiciosas que jamais existiram. Não é por acaso que todos nós escolhemos estar aqui no planeta nesta época. É apenas tomando consciência dos nossos sentimentos negativos e positivos sobre o futuro que podemos fazer as mudanças que queremos.

*Qual é a minha
visão do futuro?*

2 de dezembro

O mundo está numa crise de saúde

É somente ao passar por uma crise na vida que começamos a buscar a verdade. Estamos passando por esse tipo de crise no nível planetário agora. Estamos expandindo a nossa consciência e por isso as antigas formas que costumavam nos servir não nos servem mais. Elas estão caindo aos pedaços.

O que está acontecendo é que todas essas coisas com que não conseguíamos lidar no passado estão começando a vir à tona. Pode parecer muito assustador agora, pois conseguimos enxergar coisas que antes não podíamos. Temos de tomar consciência das coisas que não funcionam mais antes de descobrir o que fazer a respeito delas.

Eu vejo o processo de cura
na minha vida e no mundo.

3 de dezembro

A mudança muitas vezes vem por meio da crise

É geralmente quando algo na nossa vida começa a se fragmentar que finalmente reconhecemos que deve haver um jeito diferente de se fazer as coisas. Temos que fazer mudanças drásticas. A princípio é muito assustador. Parece um desastre, mas é o que abre a porta que nos leva a um nível mais profundo de entendimento, consciência e crescimento. Todos nós acabamos passando por esse processo várias vezes. Tão logo nos curamos num nível, outra coisa acontece para nos levar ao seguinte.

Estou disposto a aprender
com todas as experiências.

4 de dezembro

As coisas parecem piores um pouco antes
de começarem a melhorar

Quando as coisas parecem piores, é reconfortante perceber que é porque você finalmente tem algo que contrasta com elas! Você por fim tem uma compreensão ou experiência que lhe diz que a vida pode ser melhor, que existe um outro jeito. E então o passo seguinte é dar a volta e confrontar todos os aspectos que não estão curados ainda, que ainda não estão em harmonia, que ainda não foram integrados e não estão funcionando na sua vida.

Eu estou me curando em níveis
cada vez mais profundos.

5 de dezembro

A verdadeira cura

A verdadeira cura é resultado da decisão de aceitar e abarcar dentro de nós todas as energias da vida. Quando começamos a conhecer os lados do nosso ser que havíamos renegado, descobrimos que eles não são tão assustadores quanto imaginávamos. Quando deixamos que eles se expressem, eles se revelam como importantes facetas da nossa natureza. Não existe separação entre o "bem" e o "mal". Todos os aspectos da vida são elementos da força vital e facetas do divino.

*Eu aceito todos
os lados de mim mesmo.*

6 de dezembro

Comprometa-se com o seu processo de cura

Neste mundo, vivemos em quatro reinos ao mesmo tempo: o espiritual, o mental, o emocional e o físico. Para nos curarmos de verdade e curarmos o mundo, precisamos curar todos os quatro níveis e restabelecer-lhes o equilíbrio e a integração. É hora de todos nós assumirmos um compromisso com a nossa própria cura e com a cura do nosso planeta.

Eu me comprometo
com o caminho da cura.

7 de dezembro

A cura do nível espiritual

A maioria de nós, no mundo moderno, já se sentiu extremamente desligado do eu espiritual e da fonte universal. Isso causa um sentimento subjacente de vazio e falta de significado na vida que buscamos preencher de muitas maneiras inúteis. A cura espiritual ocorre quando começamos a nos reconectar conscientemente com a nossa essência espiritual e experimentamos a sensação de nos sentir espiritualmente plenos interiormente.

Estou curando o
nível espiritual do meu ser.

8 de dezembro

A cura do nível mental

Todos temos muitos pensamentos, ideias e crenças que, embora tenham nos servido no passado, agora limitam o nosso potencial de expandir a consciência. A cura mental ocorre ao identificarmos e eliminarmos gradualmente os sistemas de crença que não nos servem mais e ao explorarmos novas ideias que apoiam a plena expressão de tudo o que somos. Algumas pessoas também renegaram a sua inteligência por causa de experiências de criticismo ou outros traumas emocionais vividos na infância. Por isso a cura mental pode envolver o resgate da nossa inteligência original.

Eu estou curando
o nível mental do meu ser.

9 de dezembro

A cura do nível emocional

Para nos curar no nível emocional, precisamos sentir e aceitar as nossas emoções reprimidas do passado. Podemos aprender a aceitar e a vivenciar todos os sentimentos de maneira espontânea, plena e livre. A cura emocional requer que estejamos em contato com as nossas vulnerabilidades e aprendamos a cuidar consciente e apropriadamente delas nos relacionamentos e no mundo.

Estou curando
o nível emocional do meu ser.

10 de dezembro

A cura do nível físico

A vida moderna civilizada geralmente não nos estimula a respeitar o nosso corpo físico ou a ser sensível a ele. Na verdade, muitos de nós estão completamente alheios às verdadeiras necessidades físicas. A cura física acontece quando aprendemos a sentir e ouvir o nosso corpo outra vez. O nosso corpo se comunica de modo claro e específico; ao aprendermos a atender às suas necessidades, ficamos muito mais sintonizados com os nossos ritmos naturais e com os da Terra.

Estou curando
o nível físico do meu ser.

11 de dezembro

Todos os níveis afetam uns aos outros

Todos os quatro níveis do ser estão interligados e afetam uns aos outros. Ao curarmos um nível, propiciamos também o processo de cura em todos os outros. O fortalecimento da nossa ligação espiritual nos dá inspiração e força para empreender uma cura emocional mais profunda, por exemplo. Quando fazemos o nosso trabalho emocional, liberamos energias bloqueadas nos níveis mental e físico também. E quanto mais sintonizados com o nosso corpo físico, mais energia sentimos em todos os níveis. Podemos começar o processo em qualquer nível e explorar os vários reinos em diferentes épocas da nossa vida. O objetivo supremo é a integração de todos eles.

*Estou integrando todos
os níveis do meu ser.*

12 de dezembro

O crescimento é um processo para a vida toda

Existe um conceito defendido por muitos integrantes do movimento de crescimento pessoal que é bastante simples: tudo o que você tem que fazer é mudar os seus pensamentos, usar uma certa técnica e as coisas começam a se resolver. As pessoas realmente acreditam que, se forem capazes simplesmente de seguir um caminho ou método em particular, tudo entra nos eixos na vida delas. Então, quando percebem que não é esse o caso, culpam a si mesmas.

Essa crença é pura ingenuidade. Estamos atravessando um processo de transformação impressionante. Estamos penetrando incontáveis camadas. Estamos transformando o jeito como as pessoas viveram e se comportaram há séculos. Não podemos simplesmente fazer umas poucas afirmações ou seguir uma simples técnica e achar que isso basta. O crescimento é um processo para a vida toda.

Eu dou as boas-vindas a uma vida inteira
de crescimento e descoberta.

13 de dezembro

Um compromisso permanente

A mudança não acontece da noite para o dia. Os passos que precisamos dar no caminho rumo à consciência podem ser incrivelmente fáceis, e alguns de fato parecem milagrosos, mas a jornada consiste numa infinidade de passos. E a jornada como um todo não é nada fácil. Não existe um ponto em que podemos considerar que ela chegou ao fim. É importante reconhecer que temos um compromisso permanente com a nossa cura e com a nossa consciência.

Eu assumo um compromisso permanente
com o meu processo de cura e com a minha consciência.

14 de dezembro

Você tem o seu próprio ritmo

A consciência é um processo infinito de profundidade e expansão cada vez maiores. Felizmente, ele se torna mais fácil e mais gratificante a cada momento. Contudo, frequentemente ele se torna mais difícil antes de se tornar mais fácil. Às vezes, temos de ultrapassar níveis profundos de cura emocional antes de começarmos a nos sentir melhor.

Sempre que você estiver no processo, não desanime. Cada pessoa tem o seu próprio ritmo. Não pense que ele é lento demais ou que deveria ser mais acelerado. Tudo depende bastante das experiências individuais de vida. Algumas pessoas passaram por mais dores e traumas em suas vidas anteriores e por isso a profundidade e a extensão do seu processo de cura podem ser maiores. Essas experiências acabarão por lhes tornar possível oferecer mais aos outros em seu processo de cura.

Eu respeito o meu processo interior.
Não preciso apressar as coisas.

15 de dezembro

Precisamos das outras pessoas

A nossa sociedade tem uma forte crença na ideia de que devemos ser capazes de fazer tudo sozinhos. Precisamos ser totalmente autossuficientes. A maioria de nós realmente acredita nisso e se sente culpada quando precisa de outras pessoas ou se sente carente de amor, apoio, etc. Reprimimos as nossas necessidades de dependência e tentamos valentemente parecer fortes e "inteiros". Até escondemos as nossas necessidades de nós mesmos. No entanto, para a maioria das pessoas é impossível viver uma vida plena e satisfatória sem uma interdependência e conexão profunda com as outras pessoas. Certamente precisamos do apoio e da opinião delas sobre a nossa jornada de cura e de conscientização.

Eu aceito a necessidade que tenho do amor
e do apoio das outras pessoas.

16 de dezembro

Codependência versus interdependência

A codependência é a dependência inconsciente que existe quando não reconhecemos e aceitamos a necessidade que temos das outras pessoas. A interdependência é o reconhecimento consciente da nossa necessidade uns dos outros.

A necessidade de conexão e de contato entre os seres humanos é muito importante para esse reconhecimento. Não apenas precisamos de relacionamentos íntimos com os nossos parceiros, familiares e amigos chegados, como também precisamos de um sentimento de ligação com os nossos parentes mais afastados, com a nossa tribo ou com a nossa comunidade. Precisamos ter a sensação de pertencer a um grupo maior. No final das contas, precisamos sentir que fazemos parte de toda a família humana e que estamos conectados a todos os seres da Terra.

Como posso entrar em contato com outras pessoas para evocar um sentimento maior de conexão com os meus semelhantes?

17 de dezembro

Somos a geração da cura

A maioria de nós que está num caminho consciente passa a maior parte da vida tentando se curar. Padrões nocivos que sustentamos há séculos estão sendo corrigidos neste momento da história. Estamos assumindo o compromisso dessa cura para que os nossos filhos não tenham que fazer o mesmo. Eles poderão cumprir o seu propósito neste planeta. Este é o nosso quinhão do processo evolucionário e devemos nos respeitar por ele.

Eu reconheço e respeito a parte que me cabe
no processo de cura em favor da próxima geração.

18 de dezembro

O seu processo de cura ajuda as outras pessoas.

Quer você seja ou não um profissional da área da saúde ou de auxílio ao próximo, a própria decisão de se curar inspira e ajuda as outras pessoas que lidam com as mesmas questões que você.

Ajudar os outros é uma parte inevitável desse processo; não é algo que você tem que tentar fazer. De um jeito ou de outro, você automaticamente transmitirá aos outros o que aprendeu, como parte do seu próprio processo de cura. Você descobrirá que existem pessoas à sua volta com o mesmo tipo de problema ou com questões semelhantes a resolver. Você pode se surpreender compartilhando as suas experiências ou pode nunca falar sobre elas. Das duas maneiras, essas experiências de vida estarão presentes no seu campo de energia. As outras pessoas as sentirão, se beneficiarão delas e passarão por uma mudança na vida graças ao fato de terem feito contato ou conviverem com você.

Ao me curar, eu ajudo os outros
a se curarem também.

19 de dezembro

O seu processo de cura ajuda a sua família

Se você se empenhar na sua própria cura interior, será um modelo inspirador para todos à sua volta, em especial para a sua família, e aliviará o fardo que eles carregam. Os filhos, particularmente, sempre acabam absorvendo, do ponto de vista energético, os problemas, preocupações e padrões dos pais e os perpetuam em suas próprias vidas. Se um dos pais se cura no nível emocional, ele transmite esse legado aos filhos, que não terão que lidar com as mesmas questões em suas vidas.

Isso vale tanto para filhos adultos quanto para os que estão em idade de crescimento. Se um dos pais começa a lidar com os seus próprios problemas e aprende a cuidar melhor de si mesmo, cultivar o seu amor-próprio e assumir a responsabilidade pela própria cura, até os filhos adultos que moram em outras cidades ou países sentirão isso, em algum nível, e colherão benefícios desse processo.

Quando eu me curo,
toda a minha família está se curando.

20 de dezembro

Viver com autenticidade é um desafio

Todos temos a tendência de simplesmente fazer o que os outros fazem ou o que sempre se fez porque isso nos parece a alternativa mais segura ou confortável. Nesse processo, muitas vezes deixamos de expressar ou seguir a nossa verdade por temer que alguém possa não gostar dela ou que ela possa representar para nós algum risco ou desconforto. Hoje, como poderíamos agir de acordo com a nossa própria verdade e integridade na vida de maneira mais profunda do que de costume? Como podemos assumir um pouco mais o risco de expressar a nossa verdade ou de vivê-la mais do que de costume?

Hoje estou agindo de acordo
com a minha própria verdade.

21 de dezembro

Pratique com coisas pequenas

Aprender a viver segundo a nossa orientação interior é muitas vezes como andar na beira de um precipício. Só praticando com coisas de menor importância é que vamos aprender a seguir essa orientação com coisas mais importantes. Isso significa seguir a nossa intuição com respeito ao que nos parece a coisa certa a fazer, ter a coragem de dizer sim ou saber dizer não quando é isso o que lhe diz o coração. Essas atitudes vão aumentando a confiança em si mesmo.

Depois de termos praticado o suficiente, criamos uma ligação poderosa com a nossa fonte interior. E logo que tenhamos essa conexão, disporemos de uma bússola que nos orientará pelo resto da vida.

Todos os dias, eu aprofundo a relação
com a minha orientação interior.

22 de dezembro

Compartilhe as suas experiências

Compartilhe o seu processo de cura com as pessoas que são importantes para você. Seja franco a esse respeito. É a melhor maneira de ajudar as pessoas a aprenderem. Narre os fatos na primeira pessoa, por exemplo, "Eu fiz uma grande descoberta recentemente. Vi de fato como esse meu padrão está afetando a minha vida. Estou começando a agir de outra maneira, e estou sentindo uma mudança verdadeira". Isso vai atrair a atenção das pessoas que o ouvem. Mas, se você disse a elas o que *devem* fazer, a primeira reação será. "Não me diga o que fazer", ou "Por quê? Você acha que há algo errado comigo?" Não as coloque na defensiva.

Como eu compartilho as minhas mudanças
com aqueles que amo?

23 de dezembro

É suficiente que você mude

Você não precisa martelar a cabeça dos seus parentes e amigos com tudo o que tem aprendido. É suficiente que você faça uma mudança verdadeira na própria vida. Eles sentirão a diferença, mesmo que não comentem a respeito, pois, do ponto de vista energético, todos nós temos uma grande ligação com as pessoas que amamos.

Faça com que eles saibam o que você está sentindo e vivenciando. Divida com eles o que está aprendendo sobre si mesmo. Evite pressioná-los a mudar ou a crescer como você. Concentre-se no seu próprio processo de crescimento. É possível que você veja algumas mudanças surpreendentes à sua volta daqui a algum tempo.

Eu compartilho as minhas mudanças com as pessoas mais próximas a mim, mas mantenho o foco em mim mesmo.

24 de dezembro

Reconheça a criança inocente

No coração, todo mundo é uma criança inocente que está pondo em prática tudo o que aprendeu a fazer para sobreviver e se sentir poderosa e segura neste mundo. Uma vez que você reconheça todos os mecanismos da sua personalidade pelo que eles são — maneiras de defender e proteger essa criança —, você pode ter apreço por todos os aspectos do seu eu. Depois você pode reconhecer também a criança inocente e o ser essencialmente espiritual que vive dentro de você.

E após ter feito isso, você não tem alternativa a não ser ver as outras pessoas com a mesma consideração com que se vê. Por trás das defesas da personalidade delas, você pode ver a criança inocente e, dentro dessa criança, você reconhecerá o ser espiritual delas. E a sua resposta à criança inocente e ao ser espiritual é sempre amor.

Dentro de mim, e dentro de todos nós,
existe uma criança inocente e um ser divino.

25 de dezembro

Dar não é uma bênção maior do que receber

Temos alguns conceitos equivocados com relação a dar e a receber. As pessoas literalmente se empenham para dar mais do que recebem, porque o ato de dar é considerado uma coisa boa, enquanto receber é considerado um gesto de egoísmo. Isso vai contra a lei de energia do universo segundo a qual tudo tem que ter um equilíbrio. Se você só dá e não recebe igualmente, ficará esgotado. Ficará sem energia, tentando dar o que não tem.

É uma bênção maravilhosa sentir a força vital fluindo através de você, enquanto dá aos outros. Mas essa energia vital precisa ser reposta por meio do ato de receber. Por isso dar não é uma bênção maior do que receber. Dar e receber na mesma proporção é uma bênção, pois é isso que traz equilíbrio, integração e harmonia à sua vida.

Estou aprendendo a dar
e a receber igualmente.

26 de dezembro

Você é um artista

Pense na vida como uma pintura, e tente criá-la como um pintor pinta uma tela. Ouça a força vital dentro de você. Confie nela e siga com ela. Arrisque-se a tentar novas cores. Depois dê um passo para trás e contemple a sua pintura. O que ela diz a seu respeito? A sua pintura lhe dá um panorama maravilhoso sobre o que lhe vai por dentro.

*Eu sou o artista
da minha vida.*

27 de dezembro

A vida é uma obra-prima

Eis aqui uma maneira de olhar a sua vida. Todos os dias, você está criando uma obra-prima. Enquanto cria, você obtém uma visão de como ela está e descobre como pode mudar o que vai criar amanhã. E você tem que estar disposto a sondar profunda e honestamente dentro de si mesmo a fim de fazer isso. Você tem que contemplar esse reflexo e ver o que ele está lhe ensinando sobre si mesmo. O que você de fato está expressando sobre si mesmo de uma maneira que lhe parece plena e correta? Em que aspectos você está se retraindo? Onde estão as distorções? Como você pode corrigi-las? O que não é verdade nessa criação e como você pode fazer com que essa verdade se manifeste?

Estou aprendendo diariamente
a partir da minha própria criação.

28 de dezembro

Estamos aqui para aprender a
manifestar o espírito na forma física

O espírito — ou inteligência universal ou experiência de unidade — manifestou-se na Terra para permitir a experiência da dualidade. O universo queria fazer amor consigo mesmo. Queria travar um relacionamento consigo mesmo. Por isso criou um reino onde poderia vivenciar a separação, a individualidade e a diferença, e ao mesmo tempo essa sensação de unidade que é subjacente a tudo. Estamos aqui para aprender sobre a unidade e a dualidade, a fusão e a separação. Estamos aqui para aprendermos a abarcar esses princípios, para sermos capazes de sentir como se nós e o universo fôssemos uma coisa só e, ao mesmo tempo, sermos manifestações únicas dessa fonte universal.

Sou um ser separado e único,
e sou uno com o todo.

29 de dezembro

Honre o feminino e o masculino dentro de si

É hora de igualar e equilibrar o princípio masculino da descoberta, da conquista e da separação com o princípio feminino da conexão, da espiritualidade e da unidade. Podemos fazer isso aprendendo a sentir o poder feminino intuitivo que todos temos, a confiar nele e a apoiá-lo com o nosso poder masculino de ação no mundo físico. Ao aprendermos a ouvir a nossa intuição e a segui-la a cada momento e em todos os aspectos da vida diária, nós integramos e equilibramos os lados feminino e masculino da nossa natureza. Quanto mais pessoas viverem dessa maneira, mais equilibrado o planeta ficará.

Ao equilibrar os meus lados feminino e masculino,
eu ajudo o planeta a recuperar o equilíbrio.

30 de dezembro

Somos os guardiões da Terra

Como estivemos desligados da nossa natureza espiritual, também estivemos desligados do nosso ambiente natural. Estávamos em conflito com a natureza, em vez de estar em comunhão com ela. Na verdade, nós nos víamos como conquistadores da Terra. Agora precisamos reconhecer que fomos incumbidos de zelar pelo planeta. Somos os guardiões da Terra.

Eu estou assumindo o compromisso
de cuidar deste planeta.

31 de dezembro

Visualizando o Jardim do Éden

Imagine a Terra recuperando o seu equilíbrio natural. Mais bela, variada, abundante e mágica do que nunca, ela é de fato um planeta maravilhoso para se viver. Imagine que muitas das instituições e estruturas que não estão mais em sintonia com as necessidades do planeta foram desmanteladas ou se transformaram. A espécie humana desenvolveu sabedoria e consciência e tem, portanto, de voltar ao Jardim.

Todo dia, estamos avançando
para mais perto do Jardim do Éden.

Material de referência recomendado

Livros

Allen, Marc. *A Visionary Life*. New World Library, 1998.

Gawain, Shakti. *Creating True Prosperity*. Nataraj/New World Library, 1997.

_____, *Creative Visualization*, 25th Anniversary Edition. Nataraj/New World Library, 1977, 2002.

_____, *The Four Levels of Healing: A Guide to Balancing the Spiritual, Mental, Emotional and Physical Aspects of Life*. Nataraj/New World Library, 1997.

_____, *Living in the Light*, Revised Edition. Nataraj/New World Library, 1986, 1998.

_____, *The Path of Transformation: How Healing Ourselves Can Change the World*, Revised Edition. Nataraj/New World Library, 1993, 2000.

Stone, Hal e Sidra. *Embrancing Our Selves: The Voice Dialogue Manual*. Nataraj/New World Library, 1999.

Áudios

Gawain, Shakti, *Creative Visualization* (CD), Revised Edition. Nataraj/New World Library, 1995.

_____, *Creative Visualization Meditations* (CD). Nataraj/New World Library, 1996.

_____, *Meditations* (CD). Nataraj/New World Library, 1997.

Stone, Hal e Sidra. *Meeting Your Selves*. Delos, 1990.